本丛书得到何东先生独资赞助

This series of books is financially supported exclusively
by Mr. Eric Hotung.

20世纪中国文物考古发现与研究丛书

燕 文 化

陈 平/著

文物出版社

一　北京房山琉璃河西
　　周燕都遗址宫殿基
　　础夯土

二　北京房山琉璃河西
　　周燕都遗址M1193
　　出土克盉

三　北京房山琉璃河西周燕都
　　遗址 M251 出土伯矩鬲

四　北京房山琉璃河西周燕都
　　遗址 M251 出土父戊尊

五　河北易县东周燕下都遗址
　　西城南垣西段

六　河北易县东周燕下都遗址
　　辛庄头 M30 出土金饰

七 河北易县东周燕下都遗址
辛庄头 M30 出土双龙连体
透雕玉饰

八 河北易县东周燕下都遗址
辛庄头 M30 出土仿铜彩
绘陶方鼎

20世纪中国文物考古发现与研究丛书

序 / 张文彬

　　俗称"锄头考古学"的田野考古学的诞生以及中国考古学学科体系的基本完善，由此而引起的古物鉴玩观赏著录向科学的文物学的转变，是20世纪中国学术与文化界的大事。它从材料与方法两个方面彻底刷新了持续了数千年之久的中国古代史学传统，不但为中国学术界和文化界开拓出更加广阔的研究天地，也为一切关心中华民族悠久历史和灿烂文明的人们不断地提供了可贵的精神滋养和力量源泉。

　　仰古、述古、探古，进而考古，向来为我国传统文化中一个明显的学术特点。先秦时期诸子百家发其端，汉代司马迁撰写《史记》，北魏郦道元作注《水经》。他们对相关的遗迹遗物，尽可能地做到亲自考察和调查，既能辨史又可补史。这种寻根追源的治学态度，为后世学术上的探古、考古树立了榜样。此后，山河间的访古和书斋式的究古相继开展，特别是对古器物的研究，成了唐、宋时期的文化时尚。不少学者热衷于青铜铭文、碑刻、陶文、印章等古文字的考释，进而有了对器物的辨伪鉴定、时代判断、分类命名等，逐渐兴起了一门新的学问——金石学，涌现出许多著名的古器物鉴赏家和收藏家。只是囿于当时的历史条件，金石学家们无法了解所见文物的出土地点和情况，也难以涉及史前时代漫长的演进历程，因而长期以来始终脱离不了考证文字和证经补史的窠臼。即使如此，他们的艰辛努力和取得的成绩，还是为推动我国传统文化的发展起到了积极作用，并且在事实上也为中国考古学和中国文物学的起步铺设了最早的一段道路。

20 世纪初，近代考古学由西方传入。中国学者继承金石学的研究成果，学习并运用西方考古学方法，开始从事田野考古，通过历史物质文化遗存，探寻和认识古代社会，揭示人类社会发展规律。早在 1926 年，中国学者就自行主持山西南部汾河流域的调查和夏县西阴村史前遗址的发掘。随后，我国学者同美国研究机构合作，有计划地发掘周口店遗址，发现了北京猿人。从 1928 年起至 1937 年，连续十五次发掘安阳殷墟遗址，取得了较大收获，引起了国内外学术界的重视。自 20 世纪 50 年代以后，随着国家大规模经济建设的进行，田野考古勘探、调查和科学发掘工作在全国范围内蓬勃有序地开展，许多重要的典型遗址和墓地被揭露出来，重大发现举世瞩目。它们脉络清晰，层位分明，文化相连，不仅弥补了某些地域上的空白，而且衔接了年代上的缺环，为研究中国古代史、文化史、科学史以及其他学科领域，提供了珍贵、丰富的实物资料，极大地影响着人文社会科学诸多学科专业的研究与发展。这段时间被学术界称为中国考古学的黄金时代。在马列主义理论指导下，具有中国特色的考古学理论体系和方法论逐渐形成。有关研究成果不仅极大地改变和丰富了人们对中国文明起源、中国古史发展等重大问题的认识，同时也扩展了中国文物的研究领域和研究方式。可以说，考古学的发展与进步，直接影响到文物学的形成与发展，而且影响到全社会对文化遗产重要作用的认识以及世界学术界对中国古代文明的重新认识。

从20世纪80年代开始，文物界就中国文物学的创立，逐渐取得共识，在共同探讨的基础上，初步形成了学科体系。不少学者发表了有关论文，出版了专著，就文物的历史价值、科学价值、艺术价值以及在社会主义的物质文明与精神文明建设中如何对文物进行有效保护、合理利用发表意见。这些研究成果已获得学术界的赞同。

在这世纪之交和千年更替之际，对中国考古学和中国文物事业作一次世纪性的回顾和反思，给予科学的总结，是许多学者正在思考和研究的问题。如果能通过梳理20世纪以来重大发现和研究成果，透视学科自身成长的历程，从而展望未来发展的方向，以激励后来者继续攀登科学高峰，无疑是一件很有意义的事。为此，经过酝酿、商讨和广泛征求意见，我们约请一批学者（其中有相当多的中青年学者）就自己的专长选择一个专题，独立成篇，由文物出版社编辑出版一套《20世纪中国文物考古发现与研究丛书》，并以此作为向新世纪的献礼。

从某种意义上说，《20世纪中国文物考古发现与研究丛书》是一套学科发展史和学术研究史丛书。其内容包括对20世纪考古与文物工作概况的综合阐述；对一些重要的考古学文化和古代区域文化研究情况的叙述；对文物考古的专题研究；对重要的文物考古发现、发掘及研究的个例纪实。

此套丛书的内容面广，而且彼此关联。考虑到各选题在某些内容上难免会有重叠或复述，因此在编撰之初，我们要求各选题之间互有侧重，彼此补充，以期为读者了解 20 世纪中国考古学和文物学的发展提供更多的视角。

我国的文物与考古工作，虽在 20 世纪得到了迅速发展，但仍有许多重大学术问题需要进一步探索。我们主持编辑这套丛书，除了强调材料真实，考释有据，写作态度严谨求实外，也不回避以往在工作或研究上曾经产生的纰漏差错和不足之处，以便为今后的工作和研究提供借鉴。虽然我们尽了很大努力，但限于水平，各篇仍很难整齐划一。由于组稿和作者方面的困难和变化，一些计划之中的题目也未能成书。这些不周之处，敬请专家、学者和广大读者批评指正。

在丛书编印过程中，我们得到了文物、考古界的广泛支持。何东先生在出版经费上给予了热情帮助。在此，一并深表感谢。

2000 年 6 月于北京

目　录

前　言 ……………………………………… *1*

一　先燕文化研究 ……………………………… *8*
　（一）夏家店下层燕南类型 …………………… *9*
　（二）张家园（围坊）上层文化 ……………… *11*
　　1. 关于两种文化分合的讨论 ……………… *11*
　　2. 张家园（围坊）上层文化研究 ………… *14*

二　西周燕文化的发现与研究 ………………… *31*
　（一）琉璃河西周燕都遗址 ………………… *32*
　　1. 琉璃河西周燕都遗址的考古发现 ……… *32*
　　2. 琉璃河西周燕都遗址研究 ……………… *48*

（二）其他西周燕文化 ………………… 67

　　1.辽西地区西周燕文化 ………………… 67

　　2.北京、天津、河北其他西周燕文化 ……… 71

（三）西周燕文化综合与专题研究 ………… 79

　　1.西周燕文化综合研究 ………………… 79

　　2.西周燕文化分期研究 ………………… 81

　　3.传世西周青铜器研究 ………………… 83

　　4.西周燕文化其他专题研究 …………… 86

三　东周燕文化的发现与研究 …………… 100

（一）易县东周燕下都遗址 ……………… 101

　　1.历史文献记载中的易县东周燕下都 …… 101

　　2.易县东周燕下都遗址的考古发现 ……… 102

　　3.易县东周燕下都遗址研究 …………… 126

（二）其他东周燕文化 …………………… 132

　　1.燕上都蓟城 ………………………… 133

　　2.燕中都窦店古城 …………………… 143

　　3.燕易都临易城 ……………………… 148

4. 河北、天津其他东周燕文化 …………… 151

5. 辽宁、内蒙古其他东周燕文化 ………… 161

（三）东周燕文化综合与专题研究 ………… 173

1. 东周燕文化综合研究 ………… 173

2. 东周燕文化陶器分期研究 ………… 174

3. 东周燕文化铜器研究 ………… 175

4. 东周燕文化铁器研究 ………… 182

5. 东周燕文化瓦当研究 ………… 184

6. 战国燕陶文研究 ………… 186

7. 战国燕国古玺研究 ………… 188

8. 东周燕国货币研究 ………… 192

参考文献 ………… 219

后　记 ………… 222

插 图 目 录

一　北京平谷刘家河商墓出土三羊铜罍 ················· 17

二　北京平谷刘家河商墓出土雷纹罍 ················· 17

三　北京平谷刘家河商墓出土铁刃铜钺 ················ 17

四　张家园（围坊）上层文化陶鬲演化图 ·············· 18

五　琉璃河遗址 M253 出土堇鼎 ················· 34

六　琉璃河遗址一期出土陶鬲 ··················· 36

七　琉璃河遗址一期出土陶罐 ··················· 37

八　琉璃河遗址 M52 出土釉陶罐 ················· 38

九　琉璃河遗址 M1193 出土铜兵器和车马杂器 ········· 40

一○　琉璃河遗址 M1193 出土克盉盖内铭文 ··········· 41

一一　琉璃河遗址城址一、二期发掘位置示意图 ········· 42

一二　琉璃河遗址董家林古城东垣北段 ·············· 43

一三　琉璃河遗址董家林东城北端城墙下排水沟 ········· 45

一四　琉璃河遗址 H49 出土陶水管 ┄┄┄┄┄　47

一五　琉璃河西周燕都遗址图 ┄┄┄┄┄┄┄　53

一六　琉璃河西周燕国墓地主要陶器演变图 ┄┄┄┄　插页

一七　北京昌平白浮村西周墓出土器物┄┄┄┄┄　73

一八　北京顺义牛栏山出土西周铜器┄┄┄┄┄　75

一九　房山镇江营遗址商周第四期出土器物（一）┄┄┄　76

二〇　房山镇江营遗址商周第四期出土器物（二）┄┄┄　77

二一　燕下都遗址全图 ┄┄┄┄┄┄┄┄┄　108

二二　燕下都遗址 M16 出土漆皮纹饰┄┄┄┄┄　110

二三　燕下都遗址 M16 出土仿铜陶礼器┄┄┄┄┄　111

二四　燕下都遗址采集铜人像 ┄┄┄┄┄┄┄　112

二五　燕下都遗址东斗城 M29 出土陶器┄┄┄┄┄　114

二六　燕下都遗址出土铜铺首 ┄┄┄┄┄┄┄　116

二七　燕下都遗址出土铁颈锁和铁脚镣┄┄┄┄┄　117

二八　燕下都第 23 号遗址出土铜戈┄┄┄┄┄　118

二九　燕下都遗址采集尖首刀 ┄┄┄┄┄┄┄　120

三〇　燕下都遗址采集明刀四刀刀范 ┄┄┄┄┄　120

三一　燕下都遗址采集鸟兽阙状方形铜饰 ┄┄┄┄┄　120

三二　燕下都遗址采集线刻纹陶壶 ┄┄┄┄┄┄　122

三三　燕下都遗址虚粮冢 M8 出土双凤连体透雕玉饰 … 124

三四　燕下都遗址辛庄头 M30 出土铁剑金柄……………… 124

三五　燕下都遗址辛庄头 M30 出土镶嵌绿松石金耳坠 … 124

三六　北京昌平松国村战国燕墓出土陶壶 ……………… 137

三七　北京怀柔城北战国燕墓出土铜壶 ………………… 138

三八　北京通县中赵甫村战国燕墓出土铜豆 …………… 139

三九　燕中都遗址附近的古城与古遗址 ………………… 147

四〇　天津北仓遗址出土铁器和铜器 …………………… 153

四一　天津北仓遗址出土陶器 …………………………… 154

四二　燕国北长城示意图 ………………………………… 166

四三　冯胜君对战国燕王戈的分式图 …………………… 181

四四　辽宁抚顺莲花堡出土铁器 ………………………… 183

四五　燕下都遗址出土半瓦当 …………………………… 185

前言

　　燕文化是我国两周，即西周与春秋、战国时期，与楚、秦、中原（三晋两周）、齐鲁、巴蜀、北方草原等诸考古文化并称的，具有自身特色的地域性考古文化。

　　燕文化以西周初年分封至燕地立国的姬姓周人文化为主体，并吸纳当地商文化、土著文化和其他外来文化的因素，逐渐混融而成。

　　西周燕文化与同期的秦、楚文化略有不同。后者是以商及两周时期的秦族、楚族文化为基础而衍生出来的地域性考古文化，更多强调的是族文化的因素。而对于前者来说，商末曾有燕族、燕国存在的推测，还无法落实。西周的燕国公族，直接来源于姬周王族，他们与商末北土燕族、燕国毫无血缘承袭关系，故不能称之为燕族。因此，西周燕文化更多强调的是国文化的因素。这一点，与同是西周初年因分封立国而衍生出来的齐、鲁文化更为相近一些。春秋以降，燕以大国的身份活跃于历史舞台，并对燕文化的发展施以重要影响，这更加巩固了国文化因素在燕文化中的主导地位。东周时期，燕文化打破国界，形成了以本国为中心、包含多国的文化圈。其中包含中山、赵北。从某种意义上说，如果没有后来雄踞一方的燕国的存在，就不可能有燕文化的存在。总之，燕文化首先强调的，仍然是国文化的因素。

　　"燕文化"一词，最早是 20 世纪 50 年代初由安志敏在一份考古发掘报告中提出的。不过，当时他所指的"燕文化"只是燕国文化的等义词，并不具备作为北方文化圈代名词的"燕文化"的丰富的内涵与外延。当今意义上"燕文化"的命名，是在楚文化等概念相继提出的形势下应运而生的。20世纪80年代初，李学勤著《东周与秦代文明》[1]一书，对当时学界关于东周各地域性考古文化的研究作了初步总结。他将东周列国划分为中原（三晋两周）、北方（燕、中山、赵北）、齐鲁（含泗上诸小国与宋）、楚（含曾、随与蔡）、吴越（含南淮夷）、巴蜀滇、秦七个文化圈。其中的北方文化圈，实际就是燕文化圈。不过，北方文化圈中的燕文化与赵北、中山文化还有一定的区别，可再细分为两个亚文化圈：一是燕文化亚圈，属中原华夏系；另一是中山、赵北（即代戎）文化亚圈，属北方草原戎狄系。20世纪90年代初，李伯谦刊文论及中国青铜文化各发展阶段的分区问题。他将商代后期至西周前期的中国青铜文化分为中原等十个文化区，并认为西周燕国在原北方文化区的围坊三期文化的分布范围内建都，表明周王朝向北方的扩展已超过了商文化分布的地域。同时，他又将西周后期至春秋末的中国青铜文化中的中原文化区划分为周郑晋卫、齐鲁、燕、秦、楚与吴越六个文化亚区[2]。

需要说明的是，燕文化本应包括燕、中山与赵北（即代戎）文化三部分，但由于本丛书已将有关中山与赵北两地考古文化的内容单列为一卷，故本书对此不再赘述。

与燕文化相关的还有先燕文化。这是随着中国考古界研究有史文化中的先周文化、先商文化等以"先"字打头、探索某种文化前期渊源趋向而出现的一种新型文化名称。它大约出现于20世纪80年代中后期。由于先燕文化中的商末燕族、燕国，目前还只是理论上存在，而且存在的地域极小，并不像一些学者推测的那么强大，根本就无法与两周时期的燕国相比，也不具有广泛的代表性。所以，先燕文化实际上代表的只是两周时期燕国地域内的商代诸文化。

综观燕文化发现与研究的历程，我们可以以燕文化的命名为界，将其大致划分为两个阶段：

第一阶段从清末到 20 世纪 80 年代初，又可细分为著录、研究与发掘、研究两个阶段。

著录、研究阶段始于清末，迄于 1929 年 11 月燕下都考古调查之前。这一时期燕文化的发现，主要依赖于著录。如清道光、咸丰年间出土于山东寿张梁山的大多为西周初年燕国铜器的太保等七器，就是先以著录的形式，收集存录在清末金石家吴式芬于 1895 年编印的《捃古录金文》一书中。类似著录燕文化青铜器发现的书，还有 1917 年罗振玉编印的《梦郼草堂吉金图》的《正编》、《续编》与 1872 年潘祖荫编印的《攀古楼彝器款识》等多部图籍。最初关于燕文化的简短、零散的研究，也存在于这些图籍的题跋之中。而较为认真的研究燕文化的论述，首见于 1921 年王国维的《北伯鼎跋》[3]一文，他以判定 1890 年河北涞水张家窪发现的"北伯"组铜器为燕国之器而开燕文化研究之先河。尽管这一结论还有待商榷，但该文仍应归入早期燕文化研究的行列。

发掘、研究阶段以 1929 年 11 月开始的燕下都考古调查为发端，以 20 世纪 80 年代初燕文化的命名为终结。这一时期与燕文化发现有关的著录及题跋式研究仍在进行，主要包括 1937 年罗振玉编印的《三代吉金文存》、1957 年于省吾编印的《商周金文录遗》等图籍。而相比之下，1935 年郭沫若在《两

周金文辞大系图录考释》[4]和1955年陈梦家在《西周铜器断代
(二)》[5]中对燕国青铜器与铭文所展开的综合研究则更值得注
意。这些著录与综合研究虽然都很重要，但最能体现这一时期
时代特点的，当推以1929年11月燕下都考古调查为起始标志
的现代田野考古中的燕文化的发现与相关研究。这些考古发现
与研究的内容很多，其中相对比较集中和重大的有以下三项：

一、1929年11月至20世纪80年代初，对河北易县东周
燕下都遗址的考古调查、发掘与研究。

二、20世纪50、70年代，辽西凌源县海岛营子、喀左北
洞村、山湾子等地多处西周燕国铜器窖藏的发现与研究。

三、20世纪60年代初至80年代初，对北京房山琉璃河
西周燕都遗址的一期考古调查、发掘与研究。

第二阶段从20世纪80年代初到90年代末。这一时期在
与燕文化发现有关的著录中，最重要的是80至90年代陆续出
版的《殷周金文集成》。而在燕文化的考古发掘与研究中，比
较重要的有以下五项：

一、20世纪80年代初至今，对北京房山琉璃河西周燕都
遗址的二、三期考古调查、发掘与研究；1989年，琉璃河
1193号大墓克组铜器资料的公布与研究；1995年，北京市文
物研究所编著的《琉璃河西周燕国墓地1973—1977》一期发
掘报告的出版。

二、1995年，北京市文物研究所陈平著的《燕史纪事编
年会按》一书的出版。

三、20世纪80年代至今，对河北易县东周燕下都遗址的
考古调查、发掘与研究；1996年，河北省文物研究所编著的
《燕下都》发掘报告的出版。

四、20世纪70年代至90年代，对天津蓟县张家园遗址的三次发掘和张家园上层类型文化的发现与定名，以及北京、天津、河北大量同类遗址的发掘与研究。

五、20世纪80年代后期至90年代末，对北京房山镇江营与塔照遗址的发掘与整理及北京市文物研究所编著的《镇江营与塔照——拒马河流域先秦考古文化的类型与谱系》（以下简称《镇江营与塔照》）发掘报告的出版。

此外，最先对燕文化的发现与研究作总体性论述的，是北京市文物研究所1990年出版的《北京考古四十年》一书。该书第二编的三、四两章，分别论述了西周与东周的燕文化[6]。其中第三章《西周时期的燕文化》又以《燕国城址》、《燕文化遗址》和《燕文化墓葬》为标题，对各部分的发现作了详细的介绍。由此可以看出，该书的两个特点是：一、仅限于北京地区，二、侧重于介绍和叙述。

真正囊括北京、天津、河北、辽宁整个燕文化考古区且述、论并重的，是石永士、王素芳的《燕文化简论》[7]一文。该文简要地论述了燕文化的渊源与基本特征和青铜器、陶器、货币、建筑等领域的文化发展，以及燕国都城与长城的发现等。文章虽然是个简论，但却是创始之作。该文认为，燕文化的渊源有三：一、周族带来的周文化，二、商晏（匽）文化，三、北方文化等其他文化。并且，燕文化是中原文化和燕山南北、长城内外广大地域内古文化及其发展的连结点，它不但有自己的文化特征，而且也受到中原、北方和其他文化的影响。但从总体上来说，该文运用的主要是战国时期燕下都的资料，对西周燕文化的论述则相对较少。

较早对燕文化研究的历史与现状作概述的，是陈光的《燕文化研究的历史与现状》[8]一文。该文从王国维的《北伯鼎跋》即燕文化研究的起始阶段谈到1995年北京琉璃河燕文明国际学术研讨会之前；从建国前对燕下都的调查发掘谈到对琉璃河西周燕都的发掘；从封燕的年代与始封地谈到燕文化分期、燕铜器研究、琉璃河铜器铭文讨论、燕币探索及先燕古国溯源等。举凡燕文化发现与研究的各个方面，大体均已包含在内。但由于篇幅所限，该文的描述还是过于简略。此外，相关论述还有徐自强的《燕文化杂谈》[9]等。

通过以上回顾，我们不难看到：目前燕文化的考古发现主要集中在西周早期和战国中晚期。而西周中期至战国早期的发现则相对贫乏与分散。这极大地限制了人们对燕文化的认识与研究。我们期望，不久的将来，在考古工作者的不懈努力下，上述局面会出现较大的改观。

注　释

[1] 李学勤《东周与秦代文明》第11~12页，文物出版社1984年版。

[2] 李伯谦《中国青铜文化的发展阶段与分区系统》，《华夏考古》1990年第2期。

[3] 王国维《北伯鼎跋》，《观堂集林》卷十八《史林十》第884页，中华书局1959年版。

[4] 郭沫若《两周金文辞大系图录考释》，科学出版社1957年版。

[5] 陈梦家《西周铜器断代（二）》，《考古学报》第十册，1955年12月。

[6] 北京市文物研究所《北京考古四十年》，北京燕山出版社1990年版。

[7] 石永士、王素芳《燕文化简论》，《内蒙古文物考古》1993年第1、2期。

[8] 陈光《燕文化研究的历史与现状》，《北京文博》1995年第1期。

[9] 徐自强《燕文化杂谈》，《北京史第五次学术年会燕文化专题学术讨论会论文目录》，1984年。

一 先燕文化研究

考古界对"先燕文化"的认定，曾经历过一个从"夏家店下层文化燕南类型"到"张家园（围坊）上层文化"再到"围坊三期文化"的曲折过程。

（一）夏家店下层燕南类型

夏家店下层文化，于20世纪20~30年代，在内蒙古东部的小库仑[1]、河北北部[2]及长城一线[3]陆续有所发现。1935年，日本学者滨田耕作等在内蒙古赤峰发掘了包含夏家店上、下层两种不同时代和特征的文化遗存，并以在当地采集的战国燕铸明刀钱为据，推定其年代约当战国秦汉时期，统称之为"赤峰第二期文化"[4]。1952年，安志敏通过对唐山小官庄六座石棺墓及随葬素面鬲、折腹盆等夏家店下层文化典型陶器的研究，指出滨田耕作等对赤峰第二期文化年代的推断缺乏科学依据，并认为其年代要早于东周[5]。1956年，吕遵谔以赤峰红山56:02·1灰层中采集到的夏家店下层文化陶甗为依据，指出"过去所谓'赤峰二期文化'实际上还包含几个性质面貌不同的阶段"[6]。1960年，中国社会科学院考古研究所内蒙古发掘队对赤峰夏家店遗址进行发掘，从所谓"赤峰二期文化"上、下两层堆积中分辨出两种年代不同、性质各异的考古文化，分别命名为夏家店上层和下层文化，并指出夏家店下层文化"与殷商文化有较密切的关系，年代也可能大体相当"[7]。

60年代初至70年代末，在内蒙古东南部、辽宁西部、河北北部、天津、北京等燕山南北地区相继调查发现夏家店下层文化遗址数百处。其中经科学发掘的，有燕山以北的赤峰药王庙[8]、赤峰蜘蛛山[9]、宁城南山根[10]、北票丰下[11]、敖汉旗白斯郎营子南台地[12]、敖汉旗大甸子[13]和燕山以南的大厂大坨头[14]、蓟县张家园[15]、蓟县围坊[16]、昌平雪山[17]、昌平下苑[18]、丰台榆树庄[19]、房山琉璃河[20]、密云燕落寨[21]等十余处。1961年，北京大学的考古工作者在北京昌平雪山村发现该处的夏家店下层文化遗存存在打破龙山期遗存和与燕北同类遗存相似又有别的重要现象，从而确定该文化上限不早于龙山，并首次提出该文化的分型问题[22]。昌平雪山等多处燕南地区夏家店下层文化遗址的发掘、整理与资料的公布，为该文化类型的划分提供了科学依据。70年代末，李经汉首先撰《试论夏家店下层文化的分期和类型》一文，将该文化划分为燕北与燕南两个类型[23]。稍后，邹衡在《西周的分封制在考古上的反映·北部地区》[24]与《关于夏商时期北方地区诸邻境文化的初步探讨》[25]中，又称这两个类型为辽西类型和燕山类型，并认为燕山类型的族属就是历史文献中的燕亳。由于燕南类型在地域上与西周燕国的疆域大致重合，而在时间上又早于西周，因此有些历史、考古学者便认为夏家店下层文化的燕南类型就是先燕考古文化遗存[26]。

1979年始，考古工作者在河北蔚县壶流河流域调查发掘了该地区的一些夏家店下层文化遗存，并发现了该文化叠压在龙山文化之上而又被二里岗上层打破的地层关系[27]。这说明，夏家店下层文化是一个晚于龙山期而又早于二里岗上层期的考古文化。它的绝对年代应在夏代至商前期。经碳十四测定年代的五个数据中，除 Z_{K-176} 所测已超过一般龙山期文化年代外，其余四个年代均在 3685 ± 135 至 3515 ± 125 之间，皆为夏末商初[28]。1987 年，张忠培等发表《夏家店下层文化研究》一文，将壶流河流域的夏商遗存与西辽河、海河北系两大区系类型作了比较研究，并认为海河北系类型的夏家店下层文化就是古史传说中的有易氏文化[29]。1990 年，李伯谦也发表《论夏家店下层文化》一文，正式将该文化划分为药王庙（原燕北）、大坨头（原燕南）与壶流河三个类型，并指出它们的渊源未必相同，族属也可能有异[30]。

上述发掘与研究的新成果表明：夏家店下层文化是一个不晚于商初二里岗上层期的考古文化，它距离西周初燕国分封立国之年过于遥远，并不适合充当先燕文化的角色。先燕文化应到燕山以南晚于夏家店下层文化而又早于周初燕文化的考古文化遗存中去寻找。80 年代初至 90 年代末，先燕文化逐渐被识别和确认下来，它就是张家园（围坊）上层文化，或围坊三期文化与张家园上层文化。

（二）张家园（围坊）上层文化

1. 关于两种文化分合的讨论

1965 年，在天津蓟县张家园遗址上层首次发现了一个新的考古文化遗存。1977 年，有关专家初次确认该文化的年代可能在商周之际至春秋以前[31]。1982 年，一些专家首先对该文化是否仍应归属于夏家店下层文化提出了质疑[32]。1983年，天津的考古专家在蓟县围坊遗址的发掘报告中，首次将围坊上层命名为"围坊三期文化",并推定其年代为商周之际至东周初[33]。1987年,张忠培等将围坊与张家园上层文化遗存统称之为"张家园(围坊)上层文化",并认为它是商代在海河北系区取代夏家店下层文化的一种新的青铜时代的考古文化[34]。1990年,李伯谦将围坊与张家园上层合称为"张家园上层文化",并认为二者的基本面貌虽然一致,但时代上可能有早晚之别[35]。1993年,沈勇将围坊三期和张家园上层统称为"围坊三期文化"[36]。1997年,张立东将围坊三期与张家园上层文化,合称为"张家园文化"[37]。

以上所述可视为第一种意见,即将围坊上层或围坊三期与张家园上层合起来作为一种考古文化。对于该文化的年代与分期,学者们也都作了一定的研究。其中较有价值的是沈勇、李伯谦与张立东三家的见解,而又以李伯谦的表述最具代表性。1993年,沈勇将"围坊三期文化"依次分为相当于殷墟二、三、四期和西周早期四个发展阶段[38]。1994年,李伯谦将"张家园上层类型"分为五段三期。第一段相当于殷墟一、二期,第二段相当于殷墟二期或二、三期之交,两段合为第一期。第三段相当于殷墟三、四期,为第二期。第四段大约在商末周初,第五段为西周早期,两段合为第三期[39]。1997年,张立东将"张家园文化"分为两期五段。第一期即早期,含第一至三段。其中第一段年代为早商二里岗晚期,第二段年代相当于殷墟一期,第三段年代似相当于殷墟二、三、四期。第二期即晚期,含第四、五段,其年代均已进入西周[40]。

与第一种意见并存且有较大分别的第二种意见,是将围坊上层或围坊三期与张家园上层区分为两种早晚相次、特征有别的考古文化。持这一意见的代表人物,为天津的考古专家韩嘉谷。1984 年，他首次将大坨头类型从夏家店下层文化中分离出来，并与围坊上层类型（即围坊三期）和张家园上层类型一道，视为商周时期京津地区土著文化连续发展的三个阶段。同时，他还最先将"围坊三期文化"视作早于张家园上层并与之连续发展的考古文化类型[41]。1993 年，天津历史博物馆考古部在张家园遗址的第三次发掘中发现了张家园上层类型被西周中期墓所打破而同时又叠压在围坊三期文化遗存之上的地层关系[42]。对此，韩嘉谷、纪烈敏又刊文指出，围坊三期与张家园上层确有许多相似之处，但区别也是明显的，二者应为两个不同的考古文化。围坊三期文化的年代居商周之际，张家园上层文化的年代约当西周早期。同时，他们还将张家园上层文化分成了三期[43]。1986～1990 年，北京市文物研究所在房山镇江营与塔照遗址发现了属围坊上层与张家园上层的文化遗存[44]。在 1999 年出版的发掘报告中，将属围坊三期的文化遗存归于商周二期，推定其年代起于二里岗上层期之后不久而迄于殷墟二期；将属张家园上层的文化遗存归于商周三期，推定其年代起于殷墟三期而迄于西周中期[45]。2001 年，刘绪、赵福生刊文，不仅赞成将围坊三期与张家园上层分列为两个考古文化看待，而且还将过去被一些专家认定为夏家店下层文化末尾的北京平谷刘家河商墓，改属围坊三期文化遗存[46]。这样，就把夏家店下层文化的年代下限上推到了早商二里岗期的末晚，同时也把围坊三期文化的年代上限上推到了平谷刘家河商代商墓所在的殷墟一期。

上述两种不同意见的基本发展趋势是：前期（大约从 1983 年到 1993 年）以第一种意见占上风；后期（大约从 1993 年到 90 年代）则以第二种意见居优势。笔者目前倾向于后一种意见。与此相关的研究状况是：持第一种意见一派的研究较为丰富充分，在分期和内涵的归纳描述上比较具体成熟；而持第二种意见一派的研究则较为初步简约，在分期和内涵的归纳描述上还比较欠缺。例如，韩嘉谷、纪烈敏虽刊文将围坊三期与张家园上层分为两种不同的考古文化，但也仅限于指出"唇缘外翻折叠、压印绳纹的带状花边鬲、甗，是张家园上层文化独具特征的典型陶器"而已，至于对两种文化各分几期，每期的文化单位、年代、内涵、特征等均未作系统的归纳与描述[47]。因此，我们虽然倾向于将围坊三期与张家园上层作为先后相次的两种不同考古文化来对待，但目前还不具备将这两种文化分开作系统论述的条件。所以，下面要介绍的只是持第一种意见的学者们所作的归纳与描述。我们只要将其前半部当成围坊三期文化，后半部当成张家园上层文化来理解就可以了。

2. 张家园（围坊）上层文化研究

张家园（围坊）上层文化遗址，主要分布于燕山南麓与太行山北段东麓的北京、天津和唐山地区。它南过北易水，东临大海，在河北西北的壶流河、桑干河地区也曾有少量发现，其地域与夏家店下层文化燕南的大坨头类型大体重合而小有变动。目前经调查或发掘的地点包括北京房山塔照、镇江营[48]，昌平雪山[49]，房山焦庄，平谷韩庄水库，昌平小北邵，房山琉璃河董家林古城西[50]，平谷刘家河[51]，房山琉璃河刘李店[52]，昌平张营[53]；天津蓟县张家园[54]、围坊[55]，西山北头、南向阳、许家台、看花楼、秦城[56]，宝坻牛道口[57]，蓟县邦均[58]，宝坻歇马台[59]，蓟县西门外[60]、常州[61]；河北唐山古冶[62]、大城山[63]，玉田县东蒙各庄、五里桥[64]，三河县冯家府[65]，易县北福地、涞水炭山、东赤土[66]、张家洼、北封村[67]、东洛平、西明义、墩台[68]、渐村[69]、周家庄[70]、卢龙县东阚各庄[71]、双望[72]，蓟县前内阳、刘家坟[73]，宣化李大人庄[74]，滦南东庄店[75]，沧县倪杨屯[76]，遵化西三里[77]，迁安马哨村[78]等多处。

张家园（围坊）上层文化遗址，主要由灰坑、窖穴、房址、墓葬等部分组成。

遗址大多座落在浅山、丘陵的向阳坡地或山前水滨，规模不大，堆积也不厚，且往往叠压在夏家店下层文化层上面。

灰坑有圆形、椭圆形两种，口径1～4、深0.4～2.5米。坑壁有内坡平底和直壁圜底两种。坑内陶片较多。

窖穴多为圆形筒状，口有椭圆形和圆形两种，以椭圆形为主，口径0.8～1.85、深0.4～1.68米。底较平整。出土陶片不多。

房址集中发现于张家园遗址，共有四处。多为圆形、椭圆形半地穴式，带有门道，大多朝东，有的还用石块堆垒或砌成石壁。其中以第一次发掘的65F1最为完整和典型。该房址因历年三次在同一地点重建而形成三层堆积，范围轮廓也大致相同。全长约6米，最宽处约3米，门均向东。第一层由门道、主室、侧室、后室组成。Ⅰ为门道，地面平缓。Ⅱ为主室，略呈方形，室壁近直，地面铺有搀和石灰炭末、砂粒的黄土，平整而坚硬。Ⅲ为侧室，袋状，四壁砌石块，南门有出入口与门道相通。Ⅳ为后室，四壁近直，地面较低，中部砌灶坑。第二层由门道、主室组成。Ⅰ为门道。Ⅱ为主室，地面平整。第一、二层除门道外，南北均有墙基。第二层墙基还残存有柱洞八个（北六南二）。第三层无墙基，半穴式，由门道、主室、南侧室、北侧室组成，各室皆以生土隔梁分开。Ⅰ为斜坡门道。Ⅱ为主室，中央有圆形烧土。各室均以生土为地面。该房址建筑精细，布局严整，各室相对独立而又有通道相连。墙基坚硬，地面平整，室内出土物十分丰富。据此推测，主人可能是握有一定财富与权力的人物。

墓葬发现不多，主要分布在北京平谷刘家河与天津围坊等处。平谷刘家河商墓于 1977 年 8 月被村民取土时发现并破坏，其墓穴、葬具的情况均已无法得知。随葬器物共四十余件，包括金、铜、玉、陶四类。金器有臂钏二种、耳环和笄各一件。铜礼器有弦纹鼎、鬲、甗、爵、卣、罍、罍（图一）、罍（图二）各一件，小方鼎、兽面纹鼎、盘、盉各二件；铜兵器有铁刃铜钺（图三）一件；另有铜当卢、人面形饰等。玉器有斧、柄、璜等。陶器均已被砸毁而不成形，只在填土中发现黑色磨光陶片、夹砂褐色绳纹陶片及夹砂褐色绳纹陶鬲口沿残片等。该墓葬年代属殷墟一期。北京平谷刘家河商墓，是迄今为止在围坊三期文化墓葬中年代最早和规格最高的。其精美的青铜礼器，特别是象征王权的铁刃铜钺的出土，使人有理由推测墓主应是一位方国之君。围坊遗址发现的两座墓葬中均不见墓圹和葬具。其中 M1 墓主为仰身直肢，头向东，缺左腿骨和右小腿骨。M2 中仅发现一头骨，头向东，面向下，骨已朽。蓟县张家园发现的四墓和卢龙东阚各庄发现的数墓，多为东西向土坑竖穴，木棺，流行俯身葬。铜器墓以鼎、簋为基本组合，不见陶器，另有弓形器、管銎戚、金或铜耳环和臂钏等兵器与饰品随葬。铜器中鼎、簋等礼器的形制、纹饰多同于中原商周同类铜器，而戈、刀、剑、戚、斧、锛等兵器、工具则多具北方风格。耳环与臂钏两端均砸扁再弯曲成圈，作风与夏家店下层文

图一　北京平谷刘家河商墓出土三羊铜罍

图二　北京平谷刘家河商墓
　　　出土雷纹罍

图三　北京平谷刘家河商墓
　　　出土铁刃铜钺

化相同。

陶器多出于灰坑、窖穴和房址内，大多为夹砂与搀和云母的红褐陶，泥质灰陶较少，但比例较夏家店下层文化大坨头类型已有所增加。器表除素面外，流行绳纹、弦断绳纹和交错绳纹。绳纹由细变粗，由浅变深，晚期多见交错拍印的僵直绳纹。此外，附加堆纹、压印三角纹也很有特点，高领鬲、深腹盆、甗和敛口瓮口部多饰附加堆纹，小口瓮和深腹盆的肩部多饰压印三角纹。器物多手制，仅口部用轮修，全部轮制者很少。主要器类有鬲、甒、甗、钵、盆、罐、瓮、豆、簋、碟、陶垫、纺轮等，但豆、簋等圈足器较少见。鬲是最主要的炊器，有高领鬲、敛口鬲、筒腹鬲、折肩鬲、矮足鬲、联裆鬲等多种。其中以口外饰附加堆纹的大型高领鬲数量最多。它是最能代表张家园（围坊）上层文化特征的典型陶器。对此，李伯谦认为，这是以口沿带附加堆纹或腹部加饰蛇纹的鬲为代表的朱开沟文化进入壶流河流域，与那里以高领鬲为代表的先商文化融合成口沿饰附加堆纹高颈鬲，再东下夏家店下层文化大坨头类型领区后而形成的新器形。同时，他还以这种鬲的演化为标志，将该文化分为五段三期（图四）[79]。

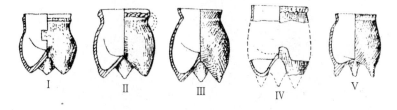

图四　张家园（围坊）上层文化陶鬲演化图
（引自李伯谦《张家园上层类型若干问题研究》）

石器除磨制的斧、锛、刀、铲、镞外，尚有少量打制石器和细石器。细石器很有特色，多是呈等腰三角形、尾平或内凹、中部多凸起的脊及薄刃的石镞和刮削器。骨、角器以磨制的镞和锥为主。这反映了该文化的主要经济部门是农业，但畜牧业和狩猎活动也占有相当比重。

按李伯谦的分期法，该文化第一期含第一、二两段。第一段年代在殷墟一、二期之际。出土陶片多为夹砂红褐陶，也有一定数量的夹砂灰陶、黑皮褐陶和夹云母陶，流行细绳纹。口沿外带附加堆纹花边的Ⅰ式鬲为典型器物。此式鬲直口，高领，高裆，肥袋足，乳头状足尖，口沿外侧靠下一周附加堆纹，领腹交接处贴泥条加固，领上有刷痕，腹饰细绳纹。第二段年代在殷墟二期或二、三期之交。陶质、纹饰特点基本同第一段，但绳纹略有变粗，出现了印痕较深的僵直绳纹和交错拍印绳纹。敛口钵深腹，腹壁斜直，折肩明显。口沿外附加堆纹的Ⅱ式花边鬲是典型器物。此式鬲口微侈，领略矮，裆变低，口沿外侧附加堆纹上移，领腹部饰绳纹，带耳。

需要说明的是，由于刘绪等已将属殷墟一期的平谷刘家河商墓划入围坊三期文化，故此处第一期第一段的年代应改在殷墟一期。

第二期为第三段，年代在殷墟三、四期。夹砂褐陶仍占主要地位，夹砂灰陶比例有所增加，灰砂黑皮陶少见，流行交错拍印僵直绳纹。鬲、甗、钵、尊、瓮、盆为常见陶器。敛口钵腹变浅，壁微曲，折肩不似二段明显。口沿外有一周圆窝纹的Ⅲ式花边鬲是典型器物。此式鬲侈口，无领，袋足，裆更低，近口沿外侧压出一周圆窝纹，腹施交错僵直绳纹。

以上第一、二两期相加，在时间上大体相当于张立东所分的第一期，而在内容上则对应于上文提及的第二种意见中的围坊上层文化。

第三期含第四、五两段。第四段年代在商末周初。夹云母陶在涞水、房山一带较流行，陶色有红褐、黑灰与橙黄三种。绳纹粗，印痕深，多交错拍印，压印三角锯齿纹常见。器口流行叠唇，肩部折棱不明显，鬲、甗出现柱足。此段流行的Ⅳ式鬲直口，口沿饰一周附加堆纹如叠唇，柱足。第五段年代在西周早期。夹砂灰陶比例上升，夹云母陶也较多见，夹砂红褐陶减少，主要纹饰绳纹与四段基本相同，特粗绳纹略有增加。出现少量豆、段、盘、鼎周式仿铜陶器，敛口钵肩部无折棱。典型陶器Ⅴ式鬲侈口，鼓腹，低裆，柱状实足根，叠唇，唇上有压印捺窝花边，腹部和实足根上均饰交错粗绳纹。

这一期对应的是第二种意见中的张家园上层文化。

在该文化性质的概括上，由于对其中商文化因素的认识略有不同而存在两种意见：一种意见以李伯谦《张家园上层类型若干问题研究》一文为代表。文中认为，该文化所含晚商文化因素只占很小比例，除铜礼器具有明显商文化特征外，陶器中商文化因素较少，因此很难作出它是夏家店下层文化与商文化融合的产物的结论。该文化很可能主要是当地土著的夏家店下层文化大坨头类型与外来的朱开沟文化融合的结果[80]。另一种意见以《镇江营与塔照》报告为代表。报告在论及商周二期（相当于李伯谦分期法中的第一、二期，年代均在商代）文化时认为，该文化是集北方高领堆纹鬲、本地的小口鬲与瓮、商文化的假腹豆为一体的具有特色的文化遗存[81]。这实际上是将商文化与夏家店下层文化、朱开沟文化三种因素一起看成了该文化的三大组成部分。两相比较，我们更倾向于后者。

关于该文化的族属，有的学者认为是山戎，天津一带则是无终戎[82]；有的学者认为应与古文献记载中的商代燕族即燕亳族，黄帝之后的蓟族，居北海之滨的孤竹、令支、无终、山戎诸族，商代金文中的㑊、𣎆等族[83]，写作𣎆而可释作屠的屠胡族，甲骨文中的𣪊即文献中的发族，文献中的貊族，金文中的冀族[84]等有关；有的学者认为，它可能属肃慎、燕亳系统[85]；有的学者认为，甲骨、金文、古文献中的𣪊、晏（燕亳）、大幽、发、孤竹、冀、𣎆（㚣）、不令支、不屠何、山戎、无终、且等国族均可能是该文化的先民，它是一个包括许多具有亲缘关系、习俗相近的方国、部族在内的庞大族系集团的考古文化集合体[86]；还有的学者认为该文化首先应是商代燕亳即金文中𣎆国族文化，此外还应是孤竹等国族的文化[87]。

在侧重从文献论述先燕古国的众多学者中，李学勤、吴荣曾、杨升南、葛英会、金岳等人的研究较具代表性。李学勤是最先由辽宁喀左北洞一号坑铜罍铭文"𣎆𠆩"释出先燕古国"孤竹"的学者之一。他还在《北京、辽宁出土青铜器与周初的燕》及《试论孤竹》两文中指出，商周金文中的冀就是文献中微箕的箕，并认为商代冀侯的封地应在河北沙河县附近[88]。吴荣曾在《周代邻近于燕的子姓邦国考述》一文中认定，孤竹、空同、代、鲜虞是商周时期邻近于燕的子姓古国[89]。杨升南在《殷墟甲骨文中的燕和召公封燕》一文中，比较令人信服地证实了甲骨文中的国族"晏"就是商代的燕国[90]。葛英会在《燕国的部族及部族联合》等两文中提出，金文"冀侯亚𣎆"等铭文中的𣎆就是燕字，是商代燕国的族徽。商代在今北京、天津、河北、辽宁地区存在着一个包括冀（蓟）、共、孤竹等国族在内的庞大的燕国部族联合体[91]。金岳在《燕山方国考》等五篇文章中论及的先燕古国，有冀、蓟、![族徽符号]（燕）、![族徽符号]、马方、祁方、天黿、丌（姬）、启方、郛方、方方、北方、唐、有易、雩方、逆方、孤竹、令支、无终、山戎、屠河、奴（幽）、庸令、子渔、土方等二十余个[92]。尽管其中有些还不是定论，但其用力之勤、网罗之广，还是很难能可贵的。此外，笔者在《"先燕文化"与"周初燕文化"刍议》一文中认为，先燕古国除燕亳、蓟（冀）、孤竹之外，可能还应有平谷刘家河商墓所在某方国、固安县境的韩国、容成县境的容成国等[93]。

以上诸家研究，涉及以下三个基本问题：一、金文中的"![族徽符号]"是否为商代燕国的国名"燕"，商末在燕山南北是否存在一个包括燕亳、冀（蓟）、孤竹、共等共同以![族徽符号]为族徽的大燕国集团。二、在商末张家园（围坊）上层文化分布的燕山以南地区，是否有商人的诸侯方国，是否存在与北方土著文化融合的"北土商文化"。三、张家园（围坊）上层文化的性质应当怎样描述，商文化因素在该文化中的比重应当如何估量。

对于上述三个问题，笔者均已有心得成文。限于本书篇幅，现只能略述其梗概和结论。

关于一，笔者在《燕史纪事编年会按》[94]和《"先燕文化"与"周初燕文化"刍议》中[95]已明确表示，![族徽符号]应隶定为冀，它不是商代燕国的国名"燕"。从商末金文来看，冀、孤竹、共等国族确有互见![族徽符号]族徽的情况存在，但燕亳并不包括在内。商末燕山地区有可能存在一个以![族徽符号]族为共有族源纽带的包括冀、孤竹、共等国族在内的、以冀国为首的国族联合集团，但它绝不是燕国族集团。当时燕国即燕亳只是附庸于冀的小国，它绝无此等张力。

关于二，笔者认为，在商末张家园（围坊）上层文化分布的燕山以南地区，有商人的诸侯方国，也存在与北方土著文化融合的"北土商文化"。这些商人的诸侯方国，主要是燕亳、冀与孤竹。"亳"为商人都城专称，燕都称"亳"，则非商人方国莫属。"冀"诚如李学勤所言，当为殷三仁之一的箕子之"箕"。从北京地区数出冀侯亚𠦪铭文铜器来看，商末其封国都城应位于今北京城区的古蓟城。箕子既为殷之三仁，他理应与微子、比干这另外二仁一样同为殷王室的重要成员，其封国自然也是商人的诸侯方国。近年，有学者据山东烟台出土的姜姓冀器，撰《殷周冀方非箕子辨》[96]一文。文中认为，山东烟台地区很可能曾为商代箕子国族成员的旧封地之一，故遗箕名。入周，国人复以姜姓族人为其地封君而仍箕（冀）之旧称。但笔者认为，这并不妨碍北京地区商周之冀仍为箕子之箕。至于孤竹，其君系子姓商契之后目夷氏，《史记·殷本纪》中对此有明文记载。可见，孤竹为商王室族裔封国是勿庸置疑的。

关于三，笔者认为，张家园（围坊）上层文化商代遗存的性质和内涵，与《镇江营与塔照》报告中的描述相一致，即将其看成为北方朱开沟系文化、本地土著文化和商文化三者融合而成的新型文化。同时，商代燕山以南地区既有商人的诸侯方国燕亳、冀、孤竹等的存在，那么该地区就一定有商文化的存在。只不过这种商文化因长期同当地土著文化相互融合而与中原商文化异趣罢了。对此，笔者认为，这种商文化可能就是学者专家们所称的张家园（围坊）上层文化。为了与严格意义上的中原商文化相区别，又可将其称之为"北土商文化"。部分学者所持的商文化不到燕山以南论，似也应重新考虑。据有的考古学者分析，在夏家店下层文化燕北类型中，来自东夷太昊颛顼族的后岗二期文化因素占有很大比重[97]，东夷海岱族的岳石文化因素在夏家店下层文化中也有很多发现[98]，先商文化在该地区则分布有保北类型，早商也曾有一支商文化沿永定河北上到达壶流河流域[99]。从文献角度讲，商人的先祖契、王亥均曾在燕山以南的易水流域活动过。金景芳因而有《商文化起源于我国北方说》[100]一文问世，黄中业、郭大顺、曹定云、干志耿等也分别有《从考古发现看商文化起源于我国北方》[101]、《北方古文化与商文化的起源》[102]、《商族渊源考》[103]、《商先起源于幽燕说》[104]等文发表。他们均认为张家园（围坊）上层文化所在的我国北方幽燕地区是商族与商文化的发源地之一。至商代，幽燕地区更是商人重要方国曩、孤竹、燕亳的所在地。因此，这一地区商代的张家园（围坊）上层文化中包含有相当多的商文化因素。

　　由于商代燕国只是一个小国，在燕山以南诸国中不占主导地位，而周初燕国君统与之又无承袭关系，因此先燕文化只具有周代燕国立国前周燕地域内商代文化的意义。也就是说，先燕文化只是周燕地域内土著文化的前源。而作为周燕文化主导因素的周文化的前源，则必须到关中姬周文化中去寻找。从这个意义上说，关中姬周文化也是广义的先燕文化的重要组成部分[105]。

注　　释

[1]［日］滨田耕作《貔子窝》图二二，3.10.12，《东方考古学丛刊》甲种 1 号，1929 年。

[2] [日] 八幡一郎《热河省南部の先史时代遗迹及遗物》，1935 年。

[3] [日] 江上波夫等《内蒙古·长城地带》，1935 年。

[4] [日] 滨田耕作等《赤峰红山后》，1938 年。

[5] 安志敏《唐山石棺墓及其相关的遗物》，《考古学报》第七期，1954 年。

[6] 吕遵谔《内蒙赤峰红山考古调查报告》，《考古学报》1958 年第 3 期。

[7] 中国科学院考古研究所内蒙古工作队《内蒙古赤峰药王庙、夏家店遗址试掘简报》，《考古》1961 年第 2 期。

[8] 同上。

[9] 中国社会科学院考古研究所内蒙古工作队《赤峰蜘蛛山遗址的发掘》，《考古学报》1979 年第 2 期。

[10] 中国科学院考古研究所内蒙古工作队《宁城南山根遗址发掘报告》，《考古学报》1975 年第 1 期。

[11] 辽宁省文物干部培训班《辽宁北票丰下遗址 1972 年发掘简报》，《考古》1976 年第 3 期。

[12] 辽宁省博物馆等《辽宁敖汉旗小河沿三种原始文化的发现》，《文物》1977 年第 12 期。

[13] 中国科学院考古研究所辽宁工作队《敖汉旗大甸子遗址 1974 年试掘简报》，《考古》1975 年第 2 期。

[14] 天津市文化局考古发掘队《河北大厂回族自治县大坨头遗址试掘简报》，《考古》1966 年第 1 期。

[15] 天津市文物管理处《天津蓟县张家园遗址试掘简报》，《考古》1966 年第 1 期。

[16] 天津市文物管理处考古队《天津蓟县围坊遗址发掘报告》，《考古》1983 年第 10 期。

[17] 北京大学历史系考古专业 1958 级昌平雪山实习资料。

[18] 北京市文物局考古队《建国以来北京市考古和文物保护工作》，《文物考古工作三十年》第 2 页，文物出版社 1979 年版。

[19] 同上。

[20] 北京市文物管理处琉璃河考古工作队等《北京琉璃河夏家店下层文化墓葬》，《考古》1976 年第 1 期。

[21] 同 [18]。

[22] 同 [17]。

[23] 李经汉《试论夏家店下层文化的分期和类型》，《中国考古学会第一次年会论

文集》，文物出版社 1979 年版。

[24] 邹衡《西周的分封制在考古上的反映·北部地区》，《商周考古》第 158 页，文物出版社 1979 年版。

[25] 邹衡《关于夏商时期北方地区诸邻境文化的初步探讨》，《夏商周考古学论文集》第 263~266 页，文物出版社 1980 年版。

[26] 王采梅《燕国历史溯源与夏家店下、上层文化》，《华夏文明》第一辑，北京大学出版社 1987 年版。

[27] 张家口考古队《蔚县考古纪略》，《考古与文物》1982 年第 4 期；《蔚县夏商时期考古的主要收获》，《考古与文物》1984 年第 1 期。

[28] 中国社会科学院考古研究所《中国考古学中碳十四年代数据集（1965—1991）》第 27、24、25 页，文物出版社 1992 年版。

[29] 张忠培等《夏家店下层文化研究》，《考古学文化论集》（1）第 187~206 页，文物出版社 1987 年版。

[30] 李伯谦《论夏家店下层文化》，《纪念北京大学考古专业三十周年论文集》第 150~170 页，文物出版社 1990 年版。

[31] 天津市文物管理处《天津蓟县张家园遗址试掘简报》，《文物资料丛刊》第 1 集第 163~171 页，文物出版社 1977 年版。

[32] 张家口考古队《蔚县考古纪略》，《考古与文物》1982 年第 4 期。

[33] 同［16］。

[34] 同［29］。

[35] 同［30］。

[36] 沈勇《围坊三期文化初论》，《北方文物》1993 年第 3 期。

[37] 张立东《试论张家园文化》，《北京建城 3040 年暨燕文明国际学术研讨会会议专辑》第 226~233 页，北京燕山出版社 1997 年版。

[38] 同［36］。

[39] 李伯谦《张家园上层类型若干问题研究》，《考古学研究》（2）第 143~157 页，北京大学出版社 1994 年版。

[40] 同［37］。

[41] 韩嘉谷《京津地区商周时期古文化发展的一点线索》，《中国考古学会第三次年会论文集（1981）》，文物出版社 1984 年版。

[42] 天津市历史博物馆考古部《天津蓟县张家园遗址第三次发掘》，《考古》1993 年第 4 期。

[43] 韩嘉谷、纪烈敏《蓟县张家园遗址青铜文化遗存综述》，《考古》1993 年第 4

期。

[44] 北京市文物研究所《北京市拒马河流域考古调查》,《考古》1989 年第 3 期。

[45] 北京市文物研究所《镇江营与塔照——拒马河流域先秦考古文化的类型与谱系》,科学出版社 1999 年版。

[46] 刘绪、赵福生《围坊三期文化的年代与刘家河 M1 的属性》,《苏秉琦与当代中国考古学》,科学出版社 2001 年版。

[47] 同〔43〕。

[48] 同〔45〕。

[49] 北京大学历史系考古专业 1958 级学生实习报告,现藏北京大学考古系资料室。

[50] 北京市文物局考古队《建国以来北京市考古和文物保护工作》,《文物考古工作三十年》,文物出版社 1979 年版。

[51] 北京市文物管理处《北京市平谷县刘家河发现商代墓葬》,《文物》1977 年第 11 期;北京市文物考古研究所《十年来北京考古的新成果》,《文物考古工作十年》第 3~4 页,文物出版社 1991 年版;北京市文物工作队《北京平谷刘家河遗址调查》,《北京文物与考古》第 3 辑第 56~61 页,北京市文物研究所 1992 年印行。

[52] 北京市文物研究所《北京房山琉璃河遗址发现的商代遗迹》,《文物》1997 年第 4 期。

[53] 王武钰、郁金城《北京昌平张营遗址发掘喜获硕果》,《中国文物报》1990 年 1 月 11 日;《昌平张营商代遗址》,《中国考古学年鉴·1990 年》,文物出版社 1991 年版。

[54] 见〔31〕、〔42〕、〔43〕。

[55] 同〔16〕。

[56] 天津市文管处考古队调查材料。

[57] 天津市历史博物馆考古队、宝坻县文化馆《天津宝坻县牛道口遗址调查发掘简报》,《考古》1983 年第 10 期。

[58] 韩嘉谷等《蓟县邦均西周时期遗址和墓葬》,《中国考古学年鉴·1987 年》,文物出版社 1988 年版。

[59] 天津市历史博物馆考古部《1979~1989 年天津文物考古新收获》,《文物考古工作十年(1979—1989)》第 14~24 页,文物出版社 1981 年版。

[60] 赵文刚《蓟县西门外青铜时代遗址》,《中国考古学年鉴·1990 年》,文物出版社 1991 年版。

[61] 梁宝玲《蓟县常州古遗址》,《中国考古学年鉴·1991 年》, 文物出版社 1992 年版。

[62] 河北省文物研究所《唐山市古冶商代遗址》,《考古》1984 年第 9 期。

[63] 河北省文物管理委员会《河北唐山市大城山遗址发掘报告》,《考古学报》 1959 年第 3 期。

[64] 马洪路《河北玉田县发现新石器和青铜时代遗址》,《考古》1983 年第 5 期。

[65] 韩嘉谷《京津地区商周时期古文化发展的一点线索》,《中国考古学会第三次 年会论文集(1981)》第 220~229 页, 文物出版社 1984 年版。

[66] 拒马河考古队《河北易县涞水古遗址试掘报告》,《考古学报》1988 年第 4 期。

[67] 合军等《涞水古遗址发掘取得重大收获》,《保定日报》1987 年 7 月 18 日; 河北省文物研究所等《河北涞水北封村遗址试掘简报》,《考古》1992 年第 10 期。

[68] 同[36]。

[69] 河北省文物研究所《河北涞水渐村遗址发掘报告》,《文物春秋》1992 年增 刊。

[70] 同[37]。

[71] 河北省文物研究所《河北卢龙县东阚各庄遗址》,《考古》1985 年第 11 期。

[72] 李捷民、孟昭材《河北卢龙双望乡发现细石器和陶器》,《考古通讯》1958 年第 6 期。

[73] 同[43]。

[74] 张家口市文物事业管理所《河北宣化李大人庄遗址试掘报告》,《考古》1990 年第 5 期。

[75] 河北省文物研究所《河北滦南县东庄店遗址调查》,《考古》1983 年第 9 期。

[76] 沧州市文物保护管理所等《河北沧县倪杨屯商代遗址调查简报》,《考古》 1993 年第 2 期。

[77] 刘震《河北遵化县发现一座商代墓葬》,《考古》1995 年第 5 期。

[78] 李宗山、尹晓燕《河北省迁安县出土两件商代铜器》,《文物》1995 年第 6 期; 尹小燕《迁安县发现商代器物》,《文物春秋》1996 年第 1 期; 蔡胜和 《箕子嫁女孤竹国》,《中国文物报》1993 年 5 月 30 日。

[79] 同[39]。

[80] 同上。

[81] 同[45]。

[82] 同［59］。

[83] 同［41］。

[84] 韩嘉谷《燕史源流的考古学考察》，《北京文物与考古》第二辑第 1～24 页，北京燕山出版社 1991 年版。

[85] 同［36］。

[86] 同［39］。

[87] 同［37］。

[88] 李学勤（晏琬）《北京、辽宁出土青铜器与周初的燕》，《考古》1975 年第 5 期；《试论孤竹》，《社会科学战线》1983 年第 2 期。

[89] 吴荣曾《周代邻近于燕的子姓邦国考述》，《京华旧事存真》第一辑第 18～29 页，北京古籍出版社 1992 年版。

[90] 杨升南《殷墟甲骨文中的燕和召公封燕》，《北京建城 3040 年暨燕文明国际学术研讨会会议专辑》，北京燕山出版社 1997 年版。

[91] 葛英会《燕国的部族及部族联合》，《北京文物与考古》第一辑，北京历史考古丛书编辑组编印，1983 年；《关于燕国历史上的几个问题》，《北京史苑》第三辑，北京出版社 1985 年版。

[92] 金岳《亚微罍考释——兼论商代孤竹国》，《社会科学战线》1983 年第 2 期；《燕山方国考（上）、（下）》，《辽海文物学刊》1986 年第 2 期、1987 年第 1 期；《桑干河天黿族方国考（兼论"先燕"民族文化）》，《文物春秋》1991 年第 2 期；《孤竹族探源》，《辽海文物学刊》1992 年第 1 期；《易水天黿方国考——论"先燕"民族文化（续）》，《文物春秋》1992 年第 3 期。

[93] 陈平《"先燕文化"与"周初燕文化"刍议》，《北京文博》1995 年第 1 期。

[94] 陈平《燕史纪事编年会按》上册第 86～91 页，北京大学出版社 1995 年版。

[95] 同［93］。

[96] 金岳《殷周矣方非箕子辨》，《文物季刊》1993 年第 1 期。

[97] 王立新、齐晓光、夏保国《夏家店下层文化渊源刍论》，《北方文物》1993 年第 2 期。

[98] 张翠莲《先商文化、岳石文化与夏家店下层文化关系考辨》，《文物季刊》1997 年第 2 期。

[99] 同［39］。

[100] 金景芳《商文化起源于我国北方说》，《中华文史论丛》1978 年第 7 辑。

[101] 黄中业《从考古发现看商文化起源于我国北方》，《北方文物》1990 年第 1 期。

[102] 郭大顺《北方古文化与商文化起源》,《中国商文化国际学术讨论会论文集》第113~116页,中国大百科全书出版社1998年版。

[103] 曹定云《商族渊源考》,《中国商文化国际学术讨论会论文集》第117~125页,中国大百科全书出版社1998年版。

[104] 干志耿《商先起源于幽燕说》,《历史研究》1985年第5期。

[105] 同[93]。

二 西周燕文化的发现与研究

（一）琉璃河西周燕都遗址

琉璃河西周燕都遗址，位于今北京市房山区琉璃河镇东北2.5公里，包括董家林、刘李店、黄土坡、洄城、立教、庄头等六个自然村，面积 5.25 平方公里，是一个包括城址、城外墓葬区及其他遗迹在内的大型遗址。董家林村的古燕都城址和黄土坡村的墓葬区，是它的核心。琉璃河西周燕都遗址是燕文化的重镇，地位十分显要。

1. 琉璃河西周燕都遗址的考古发现

（1）琉璃河遗址的早期发现

该遗址在西周中期古燕都废弃后的两千余年中，一直无人识得。直到 1945 年，考古学家吴金鼎的胞弟吴良才路过此地，将地面散落的古陶器残片带给苏秉琦，该遗址才开始为考古界所知闻[1]。但由于历史原因，未能立即展开调查发掘。1958年，在北京市文物大普查中，已发现该遗址的一些迹象[2]。1962 年，北京市文物工作队的郭仁一行对房山县琉璃河等十八处商至汉代的遗址作了调查[3]，并在遗址旁的京保公路边采集到一空心鬲足。同时，按照村民的指点来到刘李店村东和董家林村大庙两处古文化堆集地点，通过调查首次发现了该遗址[4]。同年 10 月，北京大学历史系考古教研室主任苏秉琦派邹衡率韩嘉谷等三名学生，会同北京市文物工作队的郭仁等，对该遗址作了实习调查、试掘。在刘李店村东和董家林村西开探沟三条，出土了鬲、甗、盆、罐、簋、豆等陶器残片及骨、角、蚌器和石器残片。同时，根据出土遗物，将该遗址的年代初步定在了西周，并根据董家林古城墙上部夯土中包含的辽代瓷片，将城址的年代暂定在辽代[5]。

1964 年，黄土坡村村民在挖窖时掘出带"叔作宝障彝"铭文的铜鼎和带"父癸"铭文的铜爵各一件。1972 年秋，北京市文物管理处配合北京大学历史系考古专业，在刘李店和董家林村再次作了实习试掘，发现了房址、窖穴、灰坑、陶片等古代遗迹与遗物，并经勘查明确了遗址的范围。同时，根据董家林古城墙内包含的西周瓦片，将城址的年代改定在了西周，但这批资料至今尚未公布。

（2）琉璃河遗址的一期发掘

1973 年春，北京市文物管理处、中国社会科学院考古研究所和房山县的文物考古工作者，开始联合对该遗址作大规模的考古发掘。整个过程大致可分为三期：

一期从 1973 年到 1977 年，以墓葬发掘为主。

此期，考古工作者共发掘西周墓六十一座、车马坑五座，并根据出土物将它们分为早、中、晚三期。其中，早期墓三十四座，中期墓七座，晚期墓八座，另有空墓十座。早期墓中又有铜礼器墓十座。

同时，发掘者以京广铁路为界，将该地区的西周燕国墓地分为Ⅰ、Ⅱ两区。Ⅰ区在铁路以西偏北，Ⅱ区在铁路以东偏南。一期发掘的八座殉人墓中有七座在Ⅰ区。同时，Ⅰ区三十二座墓中有二十一座殉狗墓，而Ⅱ区二十九座墓中只有一座殉人墓和两座殉狗墓。Ⅰ、Ⅱ两区在葬式上的显著差别，引起了考古界的高度关注和热烈讨论。

相关考古资料的公布，分三次进行：1974年，首次公布了上一年于京广铁路西侧 I 区发掘的 IM21、22、50～54 等七墓和 1 号车马坑的资料。这七墓中有六座是奴隶殉葬墓，随葬品有陶器、青铜礼器、车马器、兵器、杂器、蚌器、玉器等数种多件。M52、M53 所出的带"匽侯"铭文的复尊、攸簋等青铜礼器，暗示这一带与燕都有密切关系[6]。1975年，又公布了 II 区 M251、M253 两座铜礼器墓的部分资料。其中，M253 出土的堇鼎（图五）和圉方鼎及 M251 出土的伯矩鬲等青铜重器，给考古界留下了极为深刻的印象[7]。1995年，琉璃河一期发掘报告正式出版，公布了此期发掘的六十一座西周

图五　琉璃河遗址 M253 出土堇鼎

墓和五座车马坑的全部资料[8]。

铜礼器共出五十三件，计鼎、簋、鬲、甗、爵、觯、尊、卣、盉等九类，均为西周早期器。伯矩鬲、堇鼎、圉方鼎、異亚䇲鼎、䇲父丙鼎、扬鼎、兽面纹鼎、伐簋、乙公簋、䇲簋、圉簋、兽面蕉叶纹簋、圉甗、未爵、庶觯、父戊尊、复尊、圉卣、癸伯矩盘等，都是其中的精品。同时，堇鼎、圉方鼎、复尊、伯矩鬲、圉簋等西周重器更以其铭文证实了墓地与匽侯、燕都和匽侯与公君、太保召公奭及西周王朝成周的密切关系，极具史料价值。同时，各墓与车马坑中还出土了大量的车马器、兵器和杂器。其中 M52、M253 所出的铜剑鞘和 M52 所出的匽侯戟及 M105、M205 所出的铜戈，制作都很精美。特别是 M252 所出的"匽侯舞易铜泡饰"铭文，同样具有很高的史料价值。

陶器共出二百四十一件，分为生活用器与明器两类。陶质有泥质和夹砂两种。器类以鬲、簋、罐为主，鼎、豆、壶、尊较少。Ⅰ区墓葬的陶器组合一般为鬲、簋、罐，Ⅱ区组合一般为鬲、罐，缺少簋。有的墓只出鬲或罐，单出簋者不见。鬲分为袋足、弧裆、平裆三种（图六）。其中的弧裆鬲又分为六式，平裆鬲也分为三式。簋分为六式。其中 M22 所出的陶簋，直口，矮圈足，器表磨光并刻有兽面等纹，制作十分精美。罐按形制可先分为折肩斜腹、圆肩鼓腹、圆肩斜腹、圆肩直腹、圈足、带耳和带盖等七种（图七）。其中折肩斜腹罐和圆肩鼓腹罐又各分为三式。鼎、豆、壶、尊、斝、杯等几类器各出一至二件。同时，部分墓葬还出有一些原始青瓷器，尤以 M52 所出四件最为完整。器形以豆、罐（图八）为主。器胎坚硬，呈灰白色。釉色青绿或微黄，光洁明亮。

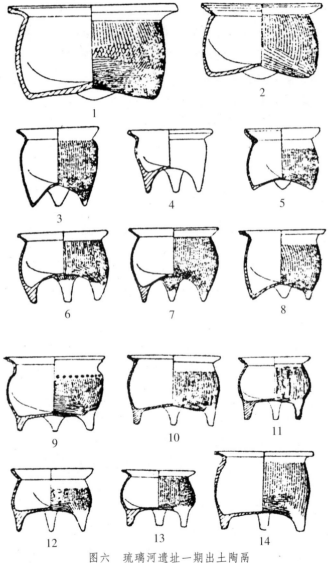

图六　琉璃河遗址一期出土陶鬲

1、2.袋足鬲　3~8.弧裆鬲　9~14.平裆鬲

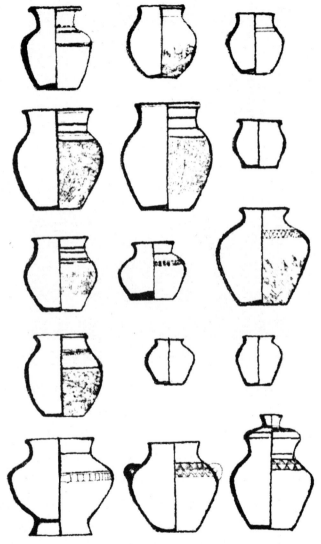

图七　琉璃河遗址一期出土陶罐

图八 琉璃河遗址 M52 出土釉陶罐

　　玉器出有璧、璜、玦、戈、琮、圭、斧、柄形器、长条形饰、佩饰、管珠和环等十二种。石器有勺、鸟、圆、方、管珠、石子、石板、磨石和串珠等九类。玛瑙类器有玛瑙石、杯、小腰和珠等。此外，还有绿松石、水晶珠和紫晶珠等其他种类。值得注意的是，M61 出土了骨、角、牙、蚌诸类器和贝、蛤蜊、麻织物等随葬品。骨器有骨镞、骨管饰，角器有角饰、角镳，牙器有牙甲片、象牙梳，蚌器多为蚌鱼、贝和蛤蜊壳散见于各墓中。麻织物多粘附在青铜器的表面，经纬痕清楚。个别墓中还发现有绢类丝织品的残迹。

（3）琉璃河遗址的二期发掘

二期从 1981 年到 1986 年，以墓葬和城址发掘为主。

墓葬发掘。此期的墓葬发掘，可分为前、后两段。前段从 1981 年秋到 1983 年末，在京广铁路东南侧的Ⅰ区和黄土坡村西北的Ⅱ区，发掘西周墓一百二十一座，车马坑二十一座。第二期后段从 1982 年到 1986 年冬，发掘西周墓九十三座[9]。墓葬在葬式、葬具及随葬青铜器、陶器的形制、纹饰上，与一期大体相近，但有以下两点需要作重点介绍：

一、发现的一些漆器遗痕的情况。虽然漆器的木胎皆已朽压变形，但大多仍粗具轮廓。可以辨认并加以复原的器形有豆、觚、罍、壶等多种，其中不少还用蚌片、蚌泡镶饰，再配以富丽的彩绘，制作十分精美[10]。有关专家已精选数件作了成功的复原[11]。

二、发掘的 1193 号大墓的情况[12]。该墓位于黄土坡村北的Ⅱ区，其上口长 7.69 米，宽 5.45 米；底室长 5.6 米，宽 3.44 米，深 10.25 米，是琉璃河遗址已发掘的所有墓葬中墓圹规模最大的一座。同时，墓的四角还各有一条长 4 米、宽 1 米的斜角墓道。这种墓是琉璃河遗址已发掘的西周墓中所仅见的，也是目前已知墓葬中规格最高的一座。

由于早年被盗，该墓损坏严重，随葬器物已被劫掠近空。此次出土的主要是二层台上劫余的青铜兵器、车马器、工具和饰件及椁室东南部发现的罍、盉、觯三件青铜礼器。青铜兵器中，戈可能超过二十件，戟四件，矛十件。其中，编号 104 的戈内上有"㠱"字铭文，编号 62 的戈内上有"成周"铭文，编号 32 的戟内上有"匽侯舞戈"铭文。车马器有弓形器、胄、当卢、辔具、马衔、马镳、带具等。工具有斧、锛、凿三种。

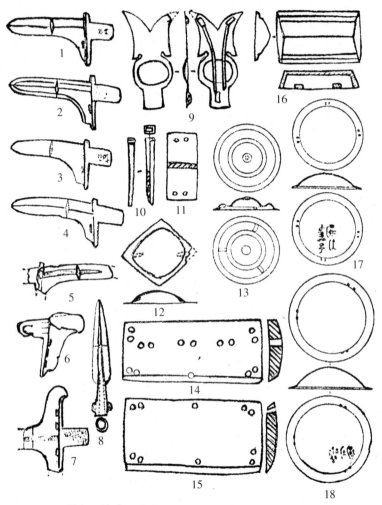

图九 琉璃河遗址 M1193 出土铜兵器和车马杂器

1、2.Ⅰ式戈 3.Ⅱ式戈 4、5.Ⅲ式戈 6.Ⅳ式戈 7.戟 8.矛 9.当卢
10.凿 11.角片 12.Ⅱ式铜泡 13.Ⅳ式铜范 14、15.骨片 16.辔具
17、18.Ⅰ式铜范

饰件有圆饼形饰、人面饰、兽面饰、铜泡等。其中铜泡数量最多，直径在14～15厘米之间。背面多有"匽侯舞"或"匽侯舞易"铭文（图九）。此外，还发现了一些蚌泡漆器遗痕。最难得的就是上文提及的三件青铜礼器。罍，弇口平沿，方唇短颈，圆肩鼓腹圈足，抓手盖。肩附半环兽面衔环双耳，颈饰两周凸弦纹，盖、肩各饰四与六个对称圆涡纹。通高32.7厘米。盉，侈口方唇，前流后鋬，鼓腹分裆，四圆柱足，半环兽面纽盖，纽鋬以环链相连。盖、颈各饰四组鸟纹，鋬作双目双角兽首形。通高26.8厘米。罐，侈口束颈，圈足鼓腹有盖，盖、颈、圈足均饰圆涡纹，通高17.1厘米，无铭。其中的罍、盉，就是震动历史考古学界的著名同铭重器克罍与克盉（图一〇）。铭文曰："王曰：'太保，佳乃明（盟）乃鬯，享于乃辟。余大对乃享，令克侯于匽，事羌、狸、雩、驭、微。'克䆴匽，入土眔厥有嗣，用乍（作）宝蹲彝[13]。"铭文记录了周初天子册命太保召公奭的元子"克"为匽侯的重大史实，可见，克罍和克盉的重要程度堪称周初册命封建诸侯众器之最。

图一〇　琉璃河遗址 M1193 出土克盉盖内铭文

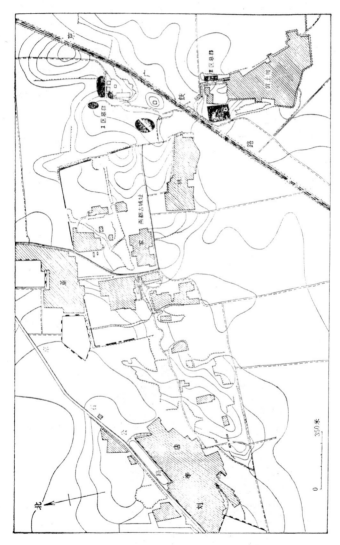

图一一　琉璃河遗址城址一、二期发掘位置示意图
（引自《琉璃河西周燕国墓地 1973—1977》）

　　城址发掘。从 1976 年春到 1984 年春，对董家林古城的东北角（由北京市文物研究所负责）、西北角和北城西段（由中国社会科学院考古研究所负责）进行了三次发掘[14]。结果表明，北城墙尚保存完好，长为 829 米，南部被大石河冲毁，所以东西城墙各残留北半段约 300 米。南城墙已冲毁不存。城址残留平面略呈冂形（图一一）。城墙是从生土上起筑的（图一二）。其结构可分为主墙和内外附墙两部分。主墙底部挖有下接生土的浅基槽，墙体由基槽上平夯而起。待平夯至一定高度后，为坚固起见，改用分段版筑之法。夯土质地纯净，极少发现早期遗物、遗迹。筑墙时，墙基内如发现灰坑，也是先清理干净、填平夯实，再于上起墙。夯层一般厚 5 厘米左右，径约 3 厘米的圆形夯窝非常均匀，质地异常坚硬。主墙上部发现多处相互平行、垂直上下、由分段版筑而生成的分界线。主墙底

图一二　琉璃河遗址董家林古城东垣北段

部则发现有版筑时档横板的立柱柱穴。内外附墙紧贴主墙墙面，呈斜坡状，黄褐色土，硬度不如主墙。墙基底部宽 10 米左右，墙体上窄下宽，断面呈梯形。

1976 年春，在对古城东北角进行试掘时，发现了两座打破城墙内附墙的小墓。两墓均为南北向竖穴土坑墓。一墓墓主仰身直肢，无随葬品；另一墓墓主仰身下肢踡屈，头前二层台上随葬泥质灰陶簋两件，腹饰绳纹和刻划三角纹。1984 年秋，在对北城西段的发掘中，发现有房址与灰坑打破城内附墙的情况。灰坑出有平档大袋足绳纹鬲残片和泥质陶簋残柄。

（4）琉璃河遗址的三期发掘

三期从 1995 年到 90 年代末，以墓葬、城址和居址发掘为主。

墓葬发掘。1995 年，在京广铁路西侧原墓葬 I 区发掘西周墓十座。随葬品有陶器、海贝、漆器（遗痕）、原瓷及玉石器等。陶器与前两期发掘所出相仿。墓葬分为三组，其年代分别相当于西周早、中、晚三期。墓主为六女四男，其中两两成组的墓均呈女左男右分布，较有规律。最值得注意的是 M2。该墓填土中涂有数层青膏泥，这在琉璃河燕墓中颇为少见。内外棺均通体髹以黑漆，外棺局部有朱绘，但图案不清。墓主可能为男性。同时，该墓还有三个青少年女性殉人，这也为琉璃河燕墓首见。棺椁间的 2、3 号两殉人颈部有精美串饰，身边撒满海贝。而南台的 1 号殉人却身裹芦席，一无所有。两者差别之大，令人瞩目[15]。

2002 年 9 月，在琉璃河墓葬 I 区又发掘西周燕墓十二座。青铜礼器主要出于 M2、M5 和 M13，器类主要有鼎、簋、甗、尊、觯、卣、爵等。M2、M5 出土的青铜面具组合、双鸟头马具、兽头形当卢都是该遗址首见。这次发掘仅在《中国文物报》2003 年 2 月 28 日有简单的消息报道，资料尚未公布。

城址发掘。1995 年秋，对董家林古城的东墙北端进行了一次发掘。在城墙夯土中发现了少量西周早期的细碎陶片，这对判定城墙的始建年代至关重要。同时，在东墙北端的基部，还发现了一条东西方向打破城墙的排水沟。其以较大型的卵石堆成，并利用卵石间的巨大缝隙排水，颇为少见（图一三)[16]。

1996 年，在董家林古城的北墙又进行了两处发掘。一处在城址西部路沟的北口，未发现与西周有关的遗迹。另一处在北墙中部，开有一条正南北横切城墙及城外护城河的探沟 96LG11TG1。其地层 1～3 为近现代层，4～7 分别为护城河内

图一三　琉璃河遗址董家林东城北端城墙下排水沟

西周晚（4）、西周中期偏晚（5）和西周早期（6、7）层，第8层为城墙夯土层。城墙直接筑于生土上，生土面平整。城墙分中间主墙、外护坡、内护坡三部分。中间主墙宽约2.5、残高0.55～0.71米。夯层厚约0.2米，结构坚密，质地坚硬，局部夯窝明显，有平夯和点夯两种。主墙内外两面均有明显版筑痕迹，模板宽度与夯层厚度相同、印迹吻合，由下向上层次分明。长约2.3米的模板沿城墙走向由西向东顺次排列，相邻处重叠错压约0.15米，各层模板两头均保持在同一垂直线上，形成清晰印痕。城墙内、外护坡均贴主墙夯筑，内护坡质量好于外护坡而不及主墙。同时，探沟南部又发现打破城墙内附坡的小墓一座，无随葬品，其他情况与1976年内护坡上发掘的M2相同。据发掘者推测，这可能与某种筑城仪式有关。护城河因北岸有民房未能找到边际，但发掘部分宽已达25米，两面缓坡而下，中间是一条宽约3.2米、深约2.8米的深沟。护城河内，第5～7层是有水时的沉积层，出有西周早、中期陶片；第4层无水浸痕迹，为西周晚期灰土层，并出有同期陶片。发掘者联系城内同期居址地层和墓葬遗物推定，到西周晚期，琉璃河古城已不再是燕国都城，而变成了一般居民点[17]。

居址发掘。此期的居址发掘共进行了两次。第一次是1995年8～11月，地点在董家林古城内和城外东南侧的黄土坡村边，主要发现西周灰坑八十余座[18]。第二次是1996年，地点在城址中部董家林村村民的取土场上，清理出西周灰坑一百一十六座[19]。灰坑有圆、椭圆、方和不规则形四类，坑壁有直、坡、袋状三种，坑底有平、锅状、不平三样。出土遗物有陶器、骨器、蚌器、石器、铜器等。发掘者将这些灰坑分为早、晚两期，分别对应于西周早期和晚期。

西周早期灰坑。陶器有泥质灰陶和夹砂陶两类，而以夹砂红褐陶居多；纹饰以绳纹为主，还有少量的堆纹、旋纹和三角划纹；器类有鬲、甗、甑、盆、簋、鼎、壶、瓮、罐等。鬲均为夹砂陶，可分袋足、联裆与高领三种。袋足鬲，又分方唇与圆唇两种；联裆鬲，也分四型；高领鬲，高领、高裆、长袋足，体大而长，口沿外一周多饰附加堆纹，具有张家园上层文化的作风。三种鬲中，以袋足鬲最多，联裆鬲次之，高领鬲最少。鼎较少，均为夹砂素面，腹间多贴相间圆泡和三个扉棱。簋较多，有泥质的灰陶和磨光黑陶两种。出土于96G11H49的泥质磨光黑陶仿铜簋，侈口，平沿，腹饰一周云雷纹，十分精美。壶较少，出土于96G11H49的泥质磨光黑陶壶，椭圆形，直口，双耳，鼓腹，口饰一周三角划纹，同样也很精美。陶水管为仅见，也出土于96G11H49，夹砂灰陶质，饰交错粗绳纹，大径19.2、通长67厘米。因其可能与大型宫殿建筑有关，故十分珍贵（图一四）。此前，制作铜器的陶范和筒瓦残片已有出土。值得关注的是，在96G11H108中，出土了三片

图一四　琉璃河遗址 H49 出土陶水管

刻字卜甲，5 号腹甲残片正面刻"其敉□□"四字，10 号腹甲甲尾残片正面刻"用贞"二字，4 号腹甲甲首正面刻"成周"二字。这是北京地区第二次出土有字卜甲，其中以能为遗址断代提供一定新依据的"成周"卜甲最为珍贵。此外，还发现一些骨镞、石刀、蚌泡和铜镞。

西周晚期灰坑。其中有两座可能与房址有关，一坑口为扇形，直壁平底，底近壁处有四个柱洞；一坑口椭圆，直壁，东北角有坡道接连口底，坡道上有两个坑窝似脚窝，坑底还有一道土坎。陶片以夹砂灰陶居多，纹饰多为绳纹。器种明显少于早期，主要有鬲、盆、簋、罐等。鬲以袋足鬲为主，形态与早期坑所出相近。此外，还有石凿、骨锥、骨笄、蚌镰等遗物发现。

发掘者认为，此期居址发掘的最大突破是：发现并确认了居址中西周早期和晚期两大遗存；确认了西周早期居址遗存中同时含有商、周和张家园上层土著三大文化因素，面貌多姿而且复杂；确认了西周晚期居址遗存皆为燕文化因素，面貌单一[20]。

2．琉璃河西周燕都遗址研究

（1）遗址与城址性质、年代研究

据 1962 年在刘李店村东和董家林村西试掘出的陶器等遗物，发掘者曾判定遗址的主要遗存应属西周时代[21]。据 1973、1974 年在黄土坡村几座殉人墓中出土的带"匽侯"铭文的一批铜器，发掘者又感到"这一带地方应与燕都有密切关系"[22]。于是，1975 年，有学者提出，"第一代燕侯的都邑已在北京地区"，并开始考虑"琉璃河遗址与《太平寰宇记》所记的燕中都有什么关系"[23]。1977 年，又有学者指出，"西周初年周人统治北方的据点，应该就在这一带，……其为燕之始封地不会有什么问题了"，而且推测它可能就是《太平寰宇记》中所说的燕中都[24]。

1978年和1979年，北京先后有学者刊文，认定琉璃河董家林古城应是周初燕国的都城。并认为，琉璃河黄土坡发掘的古墓群中有商墓，如打破城墙内附坡的小墓76城M1所出陶簋的形制就与殷墟晚期的相同，所以董家林古城的始建年代应在商代，琉璃河应是商周遗址[25]。1980年，又有学者刊文认为，据76城M1陶簋的形制应判定其年代为商末周初，故董家林城墙的始建年代"最迟不应晚于商末"，它可能就是商代的燕亳，入周则成为北燕都城并改称圣聚[26]。之后的十五年中，不少学者都接受这一说法。对此，笔者在1995年也曾认为，董家林古城应始建于商末，称燕亳。它原是商末燕都，入周后又继为姬燕国都[27]。在此期间，还有学者认为，周初燕国应都于今北京外城西北部的蓟城，"蓟城和琉璃河墓地的关系，有可能与卫都朝歌同辛村墓地的关系相似"[28]。

在1995年8月召开的琉璃河燕文明国际学术研讨会上，李伯谦提出，无论1962年或是1972年在刘李店的试掘，都未发现年代可早至商代的地层。过去在房山焦庄发现的商代墓和在董家林古城西边发现的商代陶鬲、陶甗，说不定也像以前对黄土坡早期墓时代的判定那样是一种误解。实际上，在董家林古城内外一直没有发现商文化堆积，说明当时此地应无商民聚居。1976年发现的打破城墙内附坡的M1所出陶簋内壁口沿下的凹弦纹距口部的距离要更远更靠下，其绝对年代肯定已进入西周时期而不可能早于西周早期。由于考古学同期打破的情况比比皆是，在没有新材料、新证据的情况下，坚持该城的始建年代不晚于商末是不能服人的，只能说它的始建年代不晚于西周早期。城墙作为一种大型建筑，变化速度远比陶器缓慢，依其结构、建筑方法、技术水平的特点与郑州商城相似而推断两者同时也是不恰当的。董家林古城所含地区在商代不属商文化分布范围，而应属张家园上层文化分布范围。古城内外迄今并未发现大规模与都邑相称的张家园上层文化遗存。最后结论为：董家林古城应跨越商周两代，但西周燕都是商时夏国政治中心的自然延续的观点是不能成立的。古城只能是"召公封燕"后于西周初年建造的都城[29]。这是迄今为止明确董家林古城始建年代的最为重要的论述，并获得了多数学者的认同。

关于董家林古城的规模，曲英杰认为，其与齐都临淄、鲁都曲阜等同等诸侯大国的都城相比，均失之过小，差距悬殊。因此，目前发现的董家林古城很可能只是燕都内的宫城，而其外郭城至今还没有被发现[30]。

1995年，从董家林古城墙夯土内和打破城墙及叠压在城墙内护坡之上的层位中获得少量陶片，其特征与城内西周早期居址所出的同类陶片相同。从这点出发，1996年，有关专家进一步确认琉璃河董家林古城址始建于西周早期[31]。同年，在对董家林古城北墙及墙外护城河的发掘中，发现护城河上层被包含有西周晚期陶片的灰土层填塞。据此，1997年，有关专家又认为，古城"废弃年代不晚于西周晚期"[32]，"琉璃河遗址作为都城主要属西周早期，其废止年代当在早中期之交或稍晚"[33]。

对于以上各家观点，笔者认为，要弄清董家林古城的始建年代，首先要弄清76城M1所出两件陶簋的年代。鉴于76城M1陶簋的资料至今尚未公布及商末与周初的陶器在形态上并

无严格界限，因此，76 城 M1 陶簋的年代属于商末还是周初
一时难以定论。"打破"，一般都有"同期"与"异期"两种可
能。李伯谦等学者认为 76 城 M1 对董家林古城内护坡的"打
破"为"同期打破"的观点，目前还仅限于推测，并无确凿的
证据。同样，1996 年在董家林北城墙中部发现的打破城墙内
护坡并出有与 76 城 M1 相同陶簋的小墓的年代和打破关系，
也需要进一步证实。即使陶簋与墓葬的年代可确定为周初，但
它对城墙内护城的打破仍同时具有两种可能。因此，基于上述
两点而得出的董家林古城的始建年代只能在周初的结论虽十分
重要且极具参考价值，但目前还不能视为定论。"成周"卜甲
对所出灰坑 H108 和古城建城的年代均不能提供确切的依据，
因为"成周"之后的任何年代，都有出土带"成周"刻辞卜甲
的可能。至于有关专家据 1995 年发掘城墙夯土内出土的少量
陶片与西周早期居址相同而得出的古城建于周初的结论[34]，
也有待斟酌。因为西周早期居址中出土的陶片里包含有大量张
家园上层文化遗物，而张家园上层文化横跨了商与西周两个时
代。这样，琉璃河居址中的张家园上层文化陶片就有包含商代
遗物的可能。此外，许多古城都不是一次筑成的。对于董家林
古城的始建年代，如果仅以一两条探沟和一两处城墙的情况为
依据来下定论的话，未免言之略早。有关专家据 1995 年的调
查作出的"（琉璃河）遗址在周代以前除夏家店下层文化时期
有少量居民活动之外，其他时期无人居住。……在相当于殷墟
第一（或更早）至四期的商时期，这里当是一片渺无人烟的原
野"的推测[35]，同样值得商榷。1995 年，在对琉璃河遗址早
期居址的发掘中，出土了大量带有张家园（围坊）上层文化因
素的陶片、陶器等，有些遗物的风格还与该文化商代的面貌十

分接近[36]。这表明，当时确有土著燕人与姬姓周人、商遗民共同在此居住。虽然目前在琉璃河发掘的所有墓葬中，未发现一例张家园（围坊）上层文化的墓葬。但这并不能代表这类墓葬没有存在的可能，当然也包括其中的商代墓葬。同理，琉璃河遗址中也应有存在尚未发现的早于西周早期的商代晚期遗存的可能。

与都邑相称的张家园上层类型遗存如能在琉璃河遗址附近发现，将是一件十分有意义的事情。它至少可以具体而真实地揭示出从商晏到周匽（燕）的历史发展轨迹及商晏的真实面目。这表明，有的学者所认为的"至多能证明这里曾是该类型的一个居民点，并不能说明更多的问题"[37]的观点，需要作更为全面的考虑。

据主持琉璃河遗址发掘的赵福生介绍，1998年，他们在董家林村南找到了古城墙南墙的内护坡，并在《图说北京史》一书所附《琉璃河西周燕都遗址》图中用虚线将它明确标示了出来（图一五）[38]。但这段新发现的"南城墙"与"北城墙"距离过近，其中应存有疑点。对此，王鑫在与笔者研讨时提出，它可能只是与偃师商城类似的一个拐角，西行不远后会折而向南。真正的古城南墙可能还在更南面，已被大石河泛滥的洪水冲毁了。这种意见也不无道理，姑备一说。

在琉璃河1996年城址发掘简报刊布前，笔者曾依据琉璃河铜器墓年代均在西周早期推测，琉璃河古城作为燕都在西周早中期之交或稍晚已被废止，而这正是燕人主动迁都蓟城的结果[39]。这一见解，与后来公布的琉璃河城址护城河发掘资料及简报关于"琉璃河遗址作为燕国都城主要属西周早期，其废止年代当在早中期之交或稍晚"[40]的推论是大体吻合的。

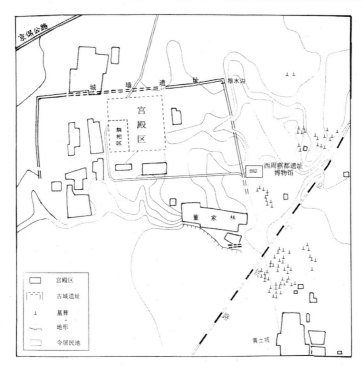

图一五 琉璃河西周燕都遗址图

(引自《图说北京史》)

有学者认为，史书所记封于蓟城的黄帝之后、帝尧之后与封于北燕的召公奭实为一人。所封蓟城最初应在琉璃河董家林古城，后因大石河不断泛滥，方才迁至今北京外城西南白云观一带[41]。从《燕世家》武王"封召公于北燕"及《周本纪》"封帝尧之后于蓟"、"封黄帝之后于祝"的记载来看，《礼记·乐记》中封于蓟城的黄帝之后必不是召公奭，而应另有其人，所以，依此为前提而推出的召公奭始封地琉璃河董家林古城即为最初蓟城的结论自然是无法成立的。

（2）居址研究

1962年，在刘李店村西的发掘中，发现了H3打破H2的地层关系。H3的陶片年代属西周初，而H2的鬲、簋形制与殷墟所出相同[42]。据李伯谦于1995年证实，刘李店H2除商式鬲、簋外，也出过周式甗、罐，所以该灰坑的年代应以出土器物年代较晚者为准定为西周，而不是商代。当年，韩嘉谷在实习报告中已明确提出了这一观点[43]。多年后，此事也得到了他本人的证实[44]。1973年，在刘李店居址发掘中，发现一些灰坑和地层出土了少数商代的鬲、甗等陶器，有关专家据此判定其第四和第三层为商末周初堆积层[45]。1978年，在刘李店村东台地上清理了一个坑口遭到破坏、坑内层位关系已扰乱不清的灰坑。由于坑内出土了一些具有商代风格的陶器，所以简报将其称之为"商代遗迹"[46]。

上文已提及，1995年在古城内和黄土坡村共清理西周灰坑八十余座[47]，1996年在城址中部董家林村取土场共发掘西周灰坑一百一十六座[48]。此外，1996年在城内中部偏北还探出了可能是宫殿基址的几片夯土[49]。1995年的居址发掘简报，将八十余座灰坑分为早、晚两期，并认为早期遗存"既有强烈的周文化风格，又有浓厚的商文化气息，还有一定数量的当地土著文化成分，呈现出燕文化形成期多姿多彩的特性。晚期遗存中器种大大减少，文化因素单一，表明燕文化发展至此已趋稳定。"这次早晚两期的划分，不仅使人们认识到西周燕文化的演变轨迹，同时也为进一步探讨北京地区西周及其前后诸考古文化的关系树立了一个标尺。同时，对于在F10和G11区早期居址中发现的青铜容器陶范，简报认为这"表明遗址中有规模不小的铸铜作坊"，墓葬所出铜器有一部分应为本地铸造。至于在 G11 区早期居址中发现的多块筒瓦，简报认为它说明古城内有西周早期大型建筑"，"为确认琉璃河遗址为燕国早期都城提供了又一证据"。此外，简报还认为，遗址中应存在尚未发现的西周中期居址遗存[50]。1996 年的发掘简报认为，在 G11H108 灰坑中出土的有"成周"等字样的三片刻字卜甲，其钻凿的文字在继承周人传统做法的基础上又具有自身的特点。这是近年琉璃河遗址考古发掘的又一重大收获[51]。这次居址发掘中早期文化同时包含商人、西周姬燕与土著张家园上层文化三大因素，构成复杂；但墓葬早期文化却仅有西周姬燕文化因素，构成简单。这是琉璃河居址发掘中最值得研究的深层次问题之一。对此，主持发掘的刘绪、赵福生认为，这是同一遗址同一考古学文化中的普遍现象，琉璃河早期居址文化因素复杂的原因，很可能是由于当时确有姬周、殷遗与土著燕人共同居此所致[52]。至于笔者的观点，上文已有所提及，在此不予赘述。也有学者指出，琉璃河居址早期遗存中应具有周文化、商文化、张家园上层文化和混合型文化四组因素，其中前三组文化面貌均比较单纯[53]。对此，笔者则以为，混合型文化中的商周混合型有可能就是殷遗文化，而张家园上层与商或周文化的混合型有可能还是土著燕人文化。

（3）墓葬研究

墓葬铜器铭文与城址、大遗址性质研究。通过墓葬出土铜器的铭文对墓葬区旁的古城址和墓葬所在大遗址的年代、性质进行研究，是琉璃河遗址墓葬研究的一个极为重要的方面。在 1974 年刊布的琉璃河 1973 年墓葬发掘简报中，一些专家据 M52、M53 出土的带有"匽侯"铭文的复尊、攸簋等青铜器铭文，得出了"暗示这一带与燕都有密切关系"的结论[54]。

1979年，又有专家据琉璃河墓葬所出青铜器铭文中的"匽侯"字样，判定"墓地旁的董家林古城应是周初燕国的国都"[55]。此说一出，便成为学术界的共识。这也是运用墓葬铜器铭文研究城址、遗址性质的重大进展。

葬俗与墓葬分期、墓主族属研究。琉璃河遗址的墓葬中，带有殉人、腰坑和殉狗的墓基本都集中在京广铁路以西偏北的 I 区。如一期八座殉人墓中有七座在 I 区，二十三座殉狗墓中有二十一座在 I 区，带腰坑的墓也均在 I 区，且坑中都有殉狗。I 区陶器组合多为与殷墟基本相同的鬲、簋、罐，而 II 区多为鬲、罐。根据这些差异，1979年，发掘者将 I 区墓分成四期，并推断其一至三期为商至西周早期的殷人和殷遗墓[56]。1995年，琉璃河一期发掘报告出版。报告中将墓葬分期由四期变为三期，墓葬年代也由商代晚期改为西周早期，但仍以殉人、腰坑、殉狗等葬俗结合铜器铭文中的族徽判定，"I 区墓葬的墓主很可能是殷的遗民"[57]。1993年，张亚初刊文同意郭仁、田敬东等的上述观点，并着重从族徽的角度推定出土圉族徽复组器的琉璃河 M52、出土肃族徽堇鼎的 M253 等墓为殷遗墓，同时统计出传世与出土的西周燕国有铭铜器一百三十三件中就有六十六件可据族徽考定为殷遗所作[58]。1997年，张剑刊文，也赞成田敬东等的相关见解，并认为殷遗在西周燕国同样可以贵为奴隶主贵族和燕侯近臣，其政治地位十分显要[59]。1997年，笔者也刊文，从分析克器铭文入手，指出事燕六族中的龟、戲、微等族有可能就是殷遗或随殷叛周的东夷部族[60]。

1997年，刘绪、赵福生刊文认为，"腰坑和殉狗的现象并非商人专有，它仅提供了是（殷遗墓）的可能，但并非唯一的标准"。琉璃河遗址北区（Ⅰ区）墓的随葬品少有殷人墓作风，与南区（Ⅱ区）很难区分有多大不同，北区（Ⅰ区）也应是姬燕墓地[61]。1999 年，陈光刊文认为，琉璃河遗址Ⅰ区发现较多殉人、殉狗墓的葬俗在武王灭商前的黄河流域均有发现，虽不能肯定这批墓就是殷遗墓，但其器物却显示出浓重的商文化色彩，这类墓的葬俗应不属周人部族[62]。对此，笔者认为，以上两种观点各有值得商榷之处。之前张亚初从铜器铭文族徽分析出的琉璃河燕墓有大量殷遗的意见不可轻视，但到底哪些墓是殷遗墓又仍待探讨。是否存在这样一种可能：一方面还有大量殷遗墓未被发现，就像还有大量土著燕人墓未被发现一样；另一方面，已发掘的墓葬中已包含了一部分被吸纳进姬燕族的殷遗贵族墓分散在了姬燕族墓地之中。

墓葬分期、分型与分层面研究。1979 年，郭仁在《建国以来北京市考古和文物保护工作》一文中首次将琉璃河墓葬分为四期，并定第一期为商代晚期，第二期属西周成王前后，第三期属西周康王前后，第四期属西周中晚期，但该文除对一期墓的分期理由稍有陈述外，其余均未作过多说明[63]。田敬东则在一期报告中将墓葬分为西周早、中、晚三期，但又认为一期中个别墓（如 IM22）的年代"可能早到商末，其下限亦应在西周早期偏早"，并附有墓地陶器演变图[64]。二、三期墓葬发掘简报中均未过多涉及分期问题[65]。近年，李伯谦等对有些学者将琉璃河一期墓断在商末的旧说多有批评[66]。

有些学者对墓葬还作过分型的尝试，即按墓穴规模将其分为大、中、小三类[67]。二期发掘简报在此基础上又加进了葬具与随葬品的因素[68]。

1999 年，陈光又将墓葬规模、随葬品和所反映出的贫富、族属差别结合起来，把墓葬分为燕侯、燕侯宗族显贵、异族贵族、周人及异族中的次贵族、燕国平民等五个等级层面，并认为土著燕人墓因遭燕国统治者排斥而"始终未能进入燕国墓地"[69]。

墓葬陶器研究。1974年，一期墓葬发掘简报中仅对陶器的形制、纹饰作过简略描述而并未分式[70]。琉璃河一期墓葬发掘报告中，对陶器的质地、颜色、纹饰、器类作了总结规纳，并对鬲、簋、罐、鼎等九类器进行了分型分式排比。同时，在第四章《墓葬的断代》一节中还绘制了主要陶器器类的形制演变图（图一六），并以此为主要依据对墓葬进行了断代分期[71]。1993年，柴晓明首次利用地层关系并结合器形与共存关系，将包括琉璃河周墓陶器在内的华北西周陶器分为早、中、晚三期[72]。1995年，他又对西周燕墓三期陶器的组合、形制、纹饰、演化过程作了描述[73]。二期墓葬发掘简报中，也仅对陶器的颜色、质地、形制、纹饰作了一般性描述[74]。三期墓葬发掘简报中，则对1995年发掘的十座西周墓的陶器作了分型分式研究，并认为墓葬早、中、晚三期陶鬲始终以周式实足根联裆鬲为主，袋足鬲极少见，这表明此批墓的主人属周系统燕人[75]。1997年，刘绪、赵福生刊文认为，琉璃河燕国墓地出土陶器的组合、器形均与周墓相同，而居址却是姬周、殷商、土著燕人三大因素并存，并据此判定现有琉璃河周代墓均是姬周族燕人墓[76]。

墓葬铜器研究。此专题又分为一期墓葬发掘铜器研究和二期墓葬发掘铜器与克器研究两部分。

一期墓葬发掘铜器研究。传1867年出京西卢沟桥带"匽侯"铭文的亚盉（《三代吉金文存》14）组铜器[77]，笔者认为，实际上极有可能也出于琉璃河遗址。1964 年，黄土坡村村民在挖菜窖时掘出了叔作宝隣鼎和父癸爵两件西周铜器。考古工作者正是据此判定附近应有西周墓葬区，并于 1973 年开始了墓地发掘[78]。

1974 年，一期墓葬发掘简报中认为，复尊、攸簋铭文中分别提到"匽侯"、"侯"，这暗示墓区所在应与燕都有密切关系[79]。1975 年，李学勤刊文，推定琉璃河 M52 复尊为康王时器；M50 分裆鼎年代不会晚于康王；爵且丙尊、父己丙爵可能是商末遗物；攸簋在康、昭之际；敔史鼎属商末周初。同时认为，铜器的面貌与河南浚县辛村卫墓很近似。琉璃河燕墓的铜器铭文表明第一代燕侯都邑已在北京地区，良乡燕中都与琉璃河遗址的关系值得探索[80]。

1975 年，《北京房山琉璃河西周墓葬发现一批重要青铜器》一文认为，堇鼎铭文中的太保即召公奭，燕侯则既为召公之子，又为燕国第一代封君。鼎铭与圉簋铭中屡记堇、圉受命往来于燕都和周都宗周、成周之间，可见燕国与周朝有着十分密切的联系。伯矩鬲等燕器的精美不逊于中原地区。琉璃河与喀左器的风格基本一致，说明燕国的辖区已伸展到了遥远的辽西[81]。1978 年，鲁琪、葛英会刊文认为，琉璃河古城很可能就是周初燕都，当时的燕国处于奴隶制社会[82]。此后，1979 年郭仁执笔的《建国以来北京市考古和文物保护工作》[83]，1980 年郭仁、田敬东的《琉璃河商周遗址为周初燕都说》，徐自强的《关于北京先秦史的几个问题》，常征的《召公封燕及燕都考》[84]，1983 年葛英会的《燕国的部族及部族联合》[85]，1989 年王采梅的《论周初封燕及其相关问题》等文[86]，均与前文的意见大体一致。1986、1989 年，曹淑琴、殷玮璋两次刊文，将琉璃河周墓出土带"亚昊"、"伯矩"铭文的铜器与其他地区及传世同类器作了综合研究，颇有收获[87]，但他们将伯矩盘铭文中"癸伯矩"之"癸"作国名解，应值得商榷。虽然癸国可能存在，但"癸伯矩"之"癸"却不是国名，而与1964年所出父癸爵和父癸鼎中"父癸"之"癸"同义[88]，是男子日名。伯矩的日名为癸，父癸即伯矩。

1995年出版的《琉璃河西周燕国墓地1973—1977》一书，除对一期发掘中二十三座墓葬和五座车马坑所出的七十件青铜礼器、七十九件铜兵器、九件铜工具、八十九件铜车马器和若干铜杂器（各种饰件、铃等）一一作了整理介绍、分型分式外，还在第四章第一节《墓葬断代》中，大量以青铜礼器的形制、纹饰、组合、铭文内容与字体为据，并通过比较，给各墓作了分期断代。同时，书后附录一即周建勋《商周青铜器铸造工艺的若干探讨》一文，以科学的分析化验为基础，对分铸法的运用、铜芯撑的使用和普及、青铜器的整体设计与盲芯的设置、从铸造工艺角度再议毛公鼎之真伪等四个方面作了深入的研究探讨，提出了由于制范技术的提高、分范合铸法的使用和普及泥芯的设置使西周早期铜器的分铸法还不及殷商晚期普遍的创见，并根据盲芯的设置，得出了毛公鼎不是伪器的推断。从整体来讲，该文可以称得上是一部以琉璃河出土铜器为基本资料的探讨商周青铜器铸造工艺的专著。此外，在由田敬东执笔的第四章《墓葬的断代及几点认识》中，同样不乏真知灼见，如利用铜器给墓葬分期断代、利用铜器铭文确定董家林古城为周初燕都等。但也有美中不足之处，如将堇鼎铭的"太子癸"误认作燕侯等[89]。此外，1992年，唐嘉弘撰文，对琉璃河燕国墓中兵器戈戟多被折断的现象作了研究与解释[90]。

1994 年，田敬东也刊文，对琉璃河出土的西周燕器作了深入的研究[91]。

二期墓葬发掘铜器与克器研究。此期墓葬发掘简报中不仅对铜器墓与铜器的编号、总数未作交代，而且对铜器也未作分型分式，只约略介绍了几件。如 M1026 员鼎、三象鼻足簋，M1043 㪤父己罍、鱼父癸爵，M1029 匽侯舞昜铜泡等。同时，简报中认为，此次发现的将车轮、车马器拆下埋葬的现象可能是此墓地的葬俗之一。铜器铭文中的员、鱼、㪤等传世铜器已有发现，它们与又一批带"匽侯"铭文铜器的出土，为西周燕史研究增添了新的文字资料[92]。1993 年，张亚初刊文，除讨论 1193 号大墓"太保器"外，还对一期发掘的圉组器、堇鼎、复组器，二期发掘的员鼎等器铭作了论述，有所收获[93]。1995 年，曹淑琴刊文，结合二期墓出土的员鼎，对与"员"有关系的铜器作了综合研究，同样有不少收获[94]。

1986 年冬，1193 号大墓出土克罍、克盉两件铜器，这是迄今琉璃河遗址最重大的考古发现之一。二器铸有相同的四十余字铭文，记载了周初成王和太保及太保元子克举行盟誓、告祭，太保享献成王，成王命克至燕为侯，并以羌、狸、叡、雩、驭、微六族事克于燕，克纳疆土及有司的重大史实。在该墓简报刊布和这二器公开展出之前，1989 年第 10 期《考古》上首先发表了由李学勤等十位著名学者参与讨论的《北京琉璃河出土西周有铭铜器座谈纪要》（以下简称《座谈纪要》)[95]。1990 年，该墓简报又公布了大墓平面图及共出的匽侯舞戈、成周戈、匽侯舞昜铜泡等其他重要的铜器铭文资料[96]。此后，释家风起、歧见叠出[97]。下面将采用分句论述的方法，对相关研究成果予以详细介绍：

王曰：太保

对铭中"王曰"的"王"，张亚初、方述鑫、刘桓等认为是武王，张亚初还认为疐、盉是武王时期的又一批标准器。殷玮璋认为是周武王或周成王，又说疐、盉"可定为成王早期的遗物"。陈公柔、刘雨、赵光贤、陈平、尹盛平、孙华等将其定为成王。陈公柔引《尚书·君奭序》中"召公为保，周公为师，相成王为左右"的记载为据，所作的判定最为简明准确。孙华最先提出器应作于"周公救乱"之后、成王亲政之时。陈平在《克器事燕六族会释考证》一文中对此的考证最为详尽。杜迺松认为应是成王或康王。美国学者夏含夷、英国学者罗森在琉璃河会议分组发言中，均认为从克器形制、纹饰判定，其年代应在康王以后。沈长云认为应是康王。可见，各家对铭中之"王"有武王、成王、康王三说。经过权衡，我们认为以成王之说最为合理。

佳乃明乃邕，享于乃辟

诸家对句中前两个"乃"字，有作代词"你"、"你的"或过去式、将来式时态助词的区别。对"明"，有"明"、"盟"之分。同样将"明"释"盟"，又有生者对死者神明的盟祭和生者与生者的盟誓之别。对"邕"，有释为"心"、"邕"之分。对"享"，又有"生飨"与"死献"之异。对"乃辟"，则有"先王"与"时王"之差。对句读的点断，也有于"邕"下加逗号作"佳乃明乃邕，享于乃辟"和于"明"下加逗号作"佳乃明，乃邕享于乃辟"两种方式。笔者认为，句读点断，似应以前者更优。前两个"乃"字，以释为过去式时态助词较为确切。"明"与"邕"是同以两个"乃"字居前，作重文对举式限定结构。其后面的"邕"，我们已于《初燕克器铭文"心"、

"酆"辨》一文中，公布了罍腹铭文中该字书作"✡"只能释"酆"的第一手过硬资料。这种解释已成定论。那么，作为与之对举的"明"，就肯定应释作同为祭仪的"盟"。这个"盟"，应为生者与生者盟誓之盟。对此，我们在《再论克罍、克盉铭文及其有关问题》（以下简称《再论》）一文中有详尽论证，可供大家参看。"享"，本有"生飨"与"死献"二解，并非只能释为"死献"。铭中被"享"的对象"乃辟"，我们也已在《再论》一文中用充足的证据证实他应为当时健在的"时王"，而不是已故的先王。因此，这里的"享"只能释为"生飨"，即所谓"奉上谓之享"。

余大对乃享，令克侯于匽

诸家点断多如上举，但张亚初在《座谈纪要》中点断作"余大对，乃享令，克侯于匽"，而刘雨在《座谈纪要》中则点断作"余大对。乃享（飨）。令克侯于匽"。刘雨的点断可另作别论，而张亚初的点断则主要是为了与他将铭中两处"克"字均释为助词"能够"相适应。对铭中两处"克"字，尤其是前一处"令克侯于匽"中的"克"字是作受命"侯于匽"的燕侯私名讲，还是作助词"能够"讲，是全铭读解的关键与最大分歧所在。张长寿、陈公柔、王世民、刘雨、杜迺松、李学勤、陈平、孙华、赵光贤、刘桓等学者认为"克"应作人名解，为燕侯私名。而大墓简报及殷玮璋、张亚初、尹盛平、林小安等学者则主张将"克"作助词"能够"讲。"克"的人名、燕侯私名说，以陈平《克罍、克盉铭文及其有关问题》一文主之最力；将"克"作"能够"讲，则以张亚初在《座谈纪要》中持论影响最大。由此考释诸家分成了两派。主人名说者定作器与"侯于匽（燕）"者名"克"，称器作"克器"或克罍、克盉；

主助词"能够"说者认定作器与侯于匽（燕）者为"太保"，称器作"太保器"或太保罍、太保盉。这个分歧至今仍然存在，而且将来也不会很快消除。但将"克"作人名解最为简明晓畅、贴近原意，其优越性与合理性是显而易见的。相信它最终会被学术界普遍接受。

旃（事）绕（羌）、龟、叡、雩、骏（驭）、微

对这句，诸家也是众说纷纭。铭中"旃"，当从李学勤说，释为"事"，即"事"的使动用法"使……服事于……"。其后六字如何理解当为关键所在。笔者在《克器事燕六族会释考证》一文中，将此归纳为七说。七说之一，为国族名说，陈公柔、王世民、陈平、赵光贤等多名学者主之。之二，为与燕同统微之国名说，李仲操主之。之三，为人名说，解为"使羌人名免置者与御者名微的服事于克"，李学勤主之。之四，为封疆地名说，作"营治从羌、狸到达驭微四地的封疆"解，张亚初主之。之五，为人牲与祖庙置地说，解作"置羌人贡献的拴了鼻绳的牛牲于御、微之地，以建造祖庙"，刘雨主之。之六，为族名加地名说，作"使马羌族往至驭长地"解，杜迺松主之。之七，为族兵与职官名说，解为"役使羌族之□兵且与驭长戍守燕国"，林小安主之。以上二至七说虽各尽仁智，但皆未作全面考虑，稍欠平正。只有第一说即国族名说较为通达可信。

克宧匽，入土罘厥有嗣

诸家多以这里的"克"为就封燕侯之名，以"宧"为趋向动词，以"匽"为"克"到达的目的地"匽"（燕）国，唯张亚初、尹盛平二位仍将"克"训为助词"能够"，且殷玮璋则将"克宧匽"三字看成是与前"旃……微"七字并列的三个国

族名。此处将"克"释为助词"能够"，同样不妥。其正确释义应为燕侯名。虽同样以"宝"为趋向动词，但诸家具体说法也各有不一。陈公柔隶定为"赿"，解为"趋赴"。李学勤、方述鑫隶定为"宲"，解为"宅"。张亚初隶定为"宭"，释为"穴中出貌"。刘雨隶释为"来"。杜迺松释为"寓"。陈平隶定为"宭"，释为"行而中止"。孙华隶定为"宔"，解为"赶赴"。尹盛平隶定作"宝"，解作"徙"。赵光贤隶释为"去"。刘桓隶定为"宭"，解为走。韩建识隶定为"寑"，释为"入住"。以上均可作一家之言，但张亚初的"穴中出貌"似稍有不妥，当修正为行趋而中止。"厥有嗣"，二铭或作"厥嗣"，或作"又（有）嗣"。诸家对此多作燕侯克至燕接纳其疆土与有司政权解，唯张亚初将"嗣"释"乱"或其异构"敽"。笔者在《再论》一文中考定，克器铭中书作"嗣"、"嗣"等形的字只不过是"嗣"的两个早期省形异构，是"有司"之"司"的初文，不应释作"乱"、"敽"而反训为"治理"。并指出罍器作"厥嗣"是省其"有"字，盉器作"有嗣"是省其"厥"字，应将二者互补，完整的读法为"厥有嗣"。

对1193号大墓出土的匽侯舞戈、匽侯舞易铜泡铭中的"舞"，殷玮璋、林小安、杜勇等学者认为乃一代燕侯之名，而笔者则在《克罍、克盉铭文及其有关问题》一文中将其考定为表示戈、易（铜泡）系作舞器用的专字。杜勇以大武舞乃天子礼乐，诸侯唯鲁因周公之功经天子特许可用外，余均不得僭用和大武舞舞器仅用干戚，戈不在其例，以及匽侯舞戈不如湖北荆门出土"大舞阅兵"铜戚华缛为由，与余说相辨难。而笔者则在《琉璃河遗址研究散论》一文中以周公、召公功德相侔，天子既特许大武舞于鲁未必就不特许于燕和武舞并不限于大武舞,还有小武舞,其舞器亦用戈,以及湖北荆门铜戚为战国时巴蜀系兵阴的星占用器,其铭据俞伟超、李家浩新释乃"兵间太岁"而与大武舞毫无关系为据,反证杜勇之说不足为信。

克器面世后,引起争论的另一问题,是燕侯克与燕侯旨的关系,即二人究竟是父子相继还是兄终弟及。对此,笔者在《燕史纪事编年会按》一书中认为,梁山七器中的宪鼎铭是解开这道难题的金钥匙。鼎铭先称"用作召伯父辛宝障彝",后称"光用太保",无异于宣告所谓"召伯父辛"就是"太保"召公奭。燕侯旨在燕侯旨鼎铭中称"召伯父辛"为"父辛"而为之作祭器,显然为太保召公奭之次子。而燕侯克在克器铭中代太保奭就封于燕,则应为其元子。可见,燕之君位从燕侯克到燕侯旨是"兄终弟及"。我们不能因为《世本》曾有"燕自宣侯以上皆父子相传无及"的记载,便不承认以上事实。实际上,史籍对燕之君统自宣公往上只记到惠公,自惠公往上至召公奭九世失载。因此,上文中的"以上",仅到燕惠公为止,对召公奭至惠公之间的九世则无法追溯。而燕侯克与燕侯旨正处于这九世之中。所以二人的"兄终弟及"与《世本》的相关记载并不矛盾[98]。同时,笔者在《堇鼎铭文再探讨》一文中,判定堇鼎为成王时器,铭中匽侯即燕侯克。铭称堇为太子癸作祭器障彝,说明燕侯克在位时,其太子储君癸即已先亡进而乏嗣。这正是后来燕国以燕侯克之弟燕侯旨继任燕侯,从而形成"兄终弟及"局面的内在原因[99]。

关于1193号大墓的墓主,以"克"为燕侯名者多将其推断为燕侯克。而以"克"为助词"能够"者则有的主张墓主即为太保召公奭,如殷玮璋;有的主张墓主为代太保就封于燕但名不为"克"的元子,如张亚初;有的主张为燕侯舞,如林小安。十年前，业师张政烺在与笔者谈及克器铭文时曾说："召公奭之墓不发现则已；若发现，则必在周原"。此话值得我们尊重和深思。柴晓明同样主张 1193 号大墓墓主为太保奭，但他以该墓设于四角的四条墓道作为证据[100]。笔者认为，1193 号大墓四角的四条沟可能并非墓道，而是古礼书中所记载的为置辘轳牵绳以下棺而于四角斫大木作丰碑时遗留下来的土沟[101]。因此，它们的存在并不能证明墓主为太保奭。

从冶金学的角度对琉璃河铜器作科学分析，也是该遗址墓葬铜器研究的一个重要方面。相关论文中，具有代表性的是何堂坤所撰的《几件琉璃河西周早期青铜器的科学分析》[102]。此外，石永士、王素芳合著的《燕文化简论》、李先登的《燕国青铜器的初步研究》[103]、李学勤的《西周时期的诸侯国青铜器》[104]、王世民的《西周时代诸侯方国青铜器概述》[105]、朱凤瀚的《古代中国青铜器》[106]等书，则分别在总体分析燕文化、燕国青铜器、西周诸侯方国青铜器或中国古代青铜器时对琉璃河墓葬中出土的西周燕国青铜器有所涉及。

墓葬漆器与玉器研究。对琉璃河遗址墓葬出土漆器进行研究的，有殷玮璋的《记北京琉璃河遗址出土的西周漆器》[107]、郭义孚的《北京琉璃河西周燕国墓地出土漆器复原研究》等文[108]。对墓葬出土玉器进行研究的，则有杜金鹏的《试论北京琉璃河西周墓出土的玉冠饰》[109]等文。

（二）其他西周燕文化

1. 辽西地区西周燕文化

除北京房山琉璃河地区外，以喀左为中心的辽西地区也是目前已知最为重要的西周燕文化文物埋藏区。1941年，喀左小城村出土一铜鼎，陈梦家在《西周铜器断代（二）》[110]一文中将其定为成王时器，并附有器形线图。1947年，他又在纽约见到一对燕侯作旅盂，同样收录于前书中，并附有铭拓，但不知其是否也出于喀左。1955年5月，在原热河省凌源县（今辽宁凌源）海岛营子村发现西周燕国青铜器十六件，其中十二件保存完好。带铭文的有鱼父癸殷、蔡殷、匽侯作馈盂、史伐作父壬卣、戈父庚卣等五件。匽侯盂显然为周初燕侯所作，鱼父癸殷也与后来在北京琉璃河西周燕墓中发现较多的鱼父癸组器一样为同一人所作。其他如无铭的夔凤纹鼎、饕餮纹甗、弦纹甗、饕餮纹殷、兽首罍、贯耳壶、鸭形尊、蝉纹盘等，与前二器时代、风格相近，大体可认为均是西周燕器。铜器附近未发现人骨与葬具，但有厚达3米的古文化堆积层，含大量陶片与石器残片[111]，似为窖藏。1973年3月，在距此7.5公里的喀左县北洞村笔架山顶出土窖藏商代铜器六件。其中包括被李学勤考定为商代孤竹国器的著名的父丁孤竹亚微罍[112]。它们虽非西周燕器，但却与后来附近地区西周燕器的大量出土多有关联。1973年5月，笔架山顶又发现另一处西周初年铜器窖藏，出土方鼎一件、圆鼎二件、罍、簋和带嘴钵各一件，共六件。其中簋为周初的典型方座双耳式，书铭"作宝障彝"。据之可判定窖藏的年代、类型应属西周燕文化。另外两件有铭铜器裘方鼎、𠂤父辛鼎和无铭的龙凤纹罍、兽面纹鼎也均为商末周初风格[113]。1974年12月，喀左山湾子村村民发现青铜器窖藏一处，出土殷十件、甗三件、罍三件，鼎、鬲、盂、尊、卣和盘各一件，共二十二件。带铭文的有叔尹方鼎、子荷戈甗、伯矩甗、鱼尊、舟父甲卣、史方罍、亚口簋、父乙簋、人父甲簋、庚父戊簋、父丁簋、尹簋、作宝障簋、倗万簋、叀伯簋等十五件。伯矩甗与琉璃河所出伯矩组多器显系一人所作，鱼尊也与琉璃河鱼父癸组器关系密切。铜器中虽有数件呈商末风格，但从总体上看仍属于西周初期燕文化范畴[114]。1978 年 9 月，喀左小波汰沟出土商周铜器十四件，除其他墓葬发掘简报对出土地和件数有所提及[115]，个别学者对其中的六扉棱圆鼎[116]和圉簋铭文作过介绍以外[117]，至今尚未见到全面而正式的报道。1978 年 10 月，喀左和尚沟也出土商周铜器二件[118]，其中一件为商周之际的提梁卣[119]，另一件不详。1991 年，辽宁省文物考古研究所在喀左高家洞发掘商周墓两座，M1 属商周之际，出土铜镝一件，另有陶钵，属魏营子类型；M2 属西周晚期，出有与周燕文化相似的折肩绳纹罐[120]。这是在大量出土商周青铜器窖藏的喀左地区首次发现同期的墓葬，很值得注意。此外，在与喀左邻近的义县花儿楼[121]和朝阳木头城、大庙[122]，也有商周铜器出土。而朝阳魏营子发现的九座西周木椁墓的结构与北京昌平白浮墓相同，也出有与之相似的铜盔及銮铃等车马器，表现了一定的燕文化因素，同样值得注意[123]。

对辽西地区西周燕文化的研究，首先是从原简报开始的。海岛营子简报中认为，该发现很可能与大城子（即小城村）出土铜鼎有密切关系[124]。北洞一号窖藏坑简报中，将北洞的发现与小城村、海岛营子马厂沟的发现相联系，认为这一带多出商周青铜重器，说明它在这一时期的重要性。窖内铜器摆置、组合有序，且又埋于山顶，可能与祭祀有关[125]。北洞二号窖藏坑简报中认为，一号坑父丁孤竹亚微罍铭证明，在周初召公封燕前，喀左一带是商孤竹国的范围。二号坑冀侯亚吴族矣方鼎的出土，为探索商代冟族地望提供了线索，说明北方燕地曾是商代冟族（或其一支）的所在，它与孤竹国有密切关系，同时也说明召公封燕后这一地区的商人仍保持了原有的氏族组织。这些青铜器很可能就是当地夏家店下层文化丰下类型先民所造。周初召公封燕以后，当地夏家店上层文化仍保持了浓厚的商文化风格，这可能是周初以后商代族属及其后裔在北方燕地继续活动的考古学依据，同时也证明文献记载的燕亳应包括辽宁地区在内。上述商族及其后裔的活动，对中原文化向东北地区传播起到重大作用[126]。山湾子简报中认为，喀左一带先后发现四批殷周青铜器窖藏，说明这里很可能存在与之相关联的尚未发现的遗址。山湾子窖穴分布与铜器摆放均不规则，可能是因突发事变而仓促掩埋的。铜器是个无组合的汇合体，除个别早到商末外，大部分为西周初期器，可能是战利品。铜器的出土，可能说明周初辖境已包括了这一带。近旁林西县春秋早期古铜矿遗址的发现，说明这批铜器中有些可能铸于当地。铜器的出土还表明，孤竹的地望可能与喀左相距不远[127]。

最早研究辽西地区西周燕文化的学者是陈梦家。1955年，他在《西周铜器断代（二）》中，对海岛营子马厂沟铜器群作了研究。除按功用进行分组外，重点由燕侯饯盂论及盂的功用，认为其近于殷。同时他提出，燕侯盂由花纹看属成王时，盂铭的燕侯可能为召公奭之元子而就封于北燕者。该组器出土于长城外的东北凌源值得深思。此外，他还在文后附论了1941年喀左小城村出土的铜鼎，并指出这两次铜器出土地相邻，此一带在西周初年当为燕人重镇[128]。稍后，郭宝钧在论及西周前期铜器群时，对凌源海岛营子铜器的分群也作了论列[129]。受喀左北洞两坑窖藏铜器出土的激发，唐兰、李学勤相继有论述问世。唐兰首先指出，北洞一号坑父丁罍之“”即古之孤竹，铜器的出土证明喀左一带是商孤竹国的范围[130]。李学勤接着指出，北洞、马厂沟除包含少数商器外，实同属西周初年。这批铜器的发现，“说明燕国从一开始势力就延展到这样北的地方”，“由北京往北，经承德、凌源、宁城、喀左，再沿大凌河到朝阳、北票，通向我国辽阔的东北地区，正是周初自燕国到肃慎的重要通道，这一线多有商周遗物出土”，“商人的铜器在辽宁出土，表明商朝在我国北方有强大的势力”，“燕国建立后，箕侯氏的亚、氏的复，都服事于燕侯，是所谓‘殷遗’”[131]。唐兰还认为，喀左北洞二号坑出土的方鼎可能是西周初年燕国器，器铭中的妞可能是燕的公族[132]。张长寿认为，在喀左连续发现窖藏铜器，说明这里有可能是周初燕国经略东北的一个重要基地[133]。刘淑娟认为，山湾子铜器中最为可贵的，是伯矩甗和喀左小波汰沟出土的圉簋，它们与北京琉璃河出土的伯矩组、圉组器为同一族组，并记有两族在周初与燕国的从属关系，这为深入研究西周早期燕国的历史文化提供了可靠的例证[134]。柴晓明则提出了与李学勤、张长寿等不同的观点。他认为，喀左铜器是在周初由于某种特殊原因而流入的，从考古文化分布的角度，还不能得出燕国势力早在西周初年便已到达东北地区的结论[135]。对此，笔者认为，就目前的发现而言，还是以前者的意见更为可信。此外，对辽西喀左地区西周燕器作过研究的学者，还有公孙燕[136]、李振石[137]、张震泽[138]等。

2. 北京、天津、河北其他西周燕文化

除北京房山琉璃河西周古燕都遗址外，在北京、天津、河北还有一些零星的西周燕文化遗迹和遗物发现。因张家园上层文化西周部分前文已有介绍，在此不予赘述。

北京地区其他西周燕文化，主要有昌平白浮西周木椁墓、顺义牛栏山西周墓和房山镇江营西周遗址等。此外，北京地区还拣选出一批西周青铜器。但由于出土单位不明，其文化属性还难以确定，只能作个参考。

1975年，在北京昌平白浮村龙山下，发现西周木椁墓三座[139]。这三墓作倒品字形排列，发现时已被破坏。M1除于死者腰下发现小玉系璧一件外，无其他随葬品。墓主经鉴定系一老年男性。M2、M3随葬品十分丰富。经鉴定M2墓主为一中年女性，M3墓主为一中年男性。由于M2随葬有戈、戟、刀、剑和铜盔等大量兵器，故而有学者将其墓主美称为"威风凛凛的女将军"[140]。三墓椁底均挖有各殉一狗的腰坑。M2、M3两墓共出各类文物四百余件，其中青铜礼器的鼎、簋、壶，车马器的当卢、銮、辖、辖、铜泡等，兵器的戈、戟、矛、盾饰等，多与琉璃河西周燕文化同类器物相似，有些戈戟上还有铭文"π"、"ㅇㅜ"。但M2出土的有銎戈、宽胡斜刃戈、双钩戟、三銎孔刀、鹰首刀、蘑菇首短剑、异形铜盔、护脚甲和M3出土的铃首匕首、斧、钺、鹰首和马首短剑等，却具有强烈的北方草原青铜文化风格（图一七）。M3出土的一件残陶鼎，红衣黑陶，折沿高足，器饰乳钉纹和附加堆纹，又呈张家园上层文化特征。M2、M3棺内发现卜甲残片一百余片，不少凿坑排列整齐，有灼痕。其中契刻卜辞的有四片，M2两片刻"贞"、"不止"，M3两片刻"其祀"、"其尚上下韦驭"。卜甲的钻凿与文辞字体，均上承中原商周甲骨文的传统。这是北京地区首次发现的刻字卜甲，意义十分重大。原简报定这三

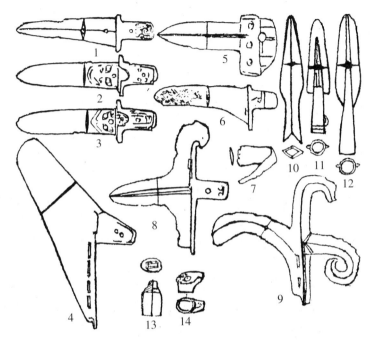

图一七　北京昌平白浮村西周墓出土器物

1~6、8、9.青铜戈　7.铅戈　10~12.青铜矛　13、14.秘冒

墓为西周早期燕国墓。并认为戈戟铭文"π"、"吴"是否为周初燕侯（疑"侯"为"国"之误）在昌平一带活动的氏族族徽尚待研究。近年，齐心刊文，对昌平白浮墓的兵器进行了研究[141]。同时，也有专家指出，白浮 M2、M3 出土的仿铜陶鬲，形制与陕西长安普渡村西周中期长由墓一致[142]，M3 圆鼎、M2 带盖段、贯耳壶也与长由墓同类器相似[143]，故白浮墓年代应改定为西周中期。这一意见无疑是正确的，应予考虑。关于这三墓的族属，有些专家以其出有带北方草原文化色彩的鹰首、马首、蘑菇首短剑、铃首刀等，将之归于北方草原

文化[144]。也有些学者认为，其北方草原文化只限于某些青铜兵器，其他方面与中原地区的西周墓没有任何区别，而与宁城南山根石椁墓的情形完全不同[145]。近年，更有学者将它们划入了张家园上层文化范围[146]。最近，则有学者认为，其文化含有中原商周文化、北方青铜文化、南方青铜文化诸因素，而以中原周燕文化为主要特征，其为姬周族遗存的可能性远大于其他族属[147]。这是迄今为止学界对白浮墓地所作的最为深入的分析，但距取得一致意见似尚需时日。

1982 年 6 月，北京顺义牛栏山供销社收购到当地金牛村农民掘得的古青铜器六件，北京市文物工作队在接收这批铜器时，又赴金牛村收得铜器两件及部分铅器残片。据称，与铜器同出的还有四件陶罐，惜已佚失[148]。这八件铜器计有鼎、卣、尊、觯各一件，觚、爵各二件。鼎圆口深腹，平沿方唇，直耳柱足，腹足皆饰扉棱，腹饰雷纹底饕餮纹，腹有铭文两行“[illegible]作比辛[illegible]彝㠱亚[illegible]”。二爵均在鋬内铸阳文族徽“㠱亚[illegible]”，其余各器也均铸“㠱亚[illegible]”族徽与“父己”铭文（图一八）。原简报中认为，这组器的组合、形制、纹饰、铭文都与房山琉璃河周初燕器有密切关系，其年代比白浮墓要早，约为西周初期器。根据同时出有铅器和陶器来初步推断，它们应出于墓葬。这些认识，大体是正确的。带“㠱亚[illegible]”铭文铜器过去已在北京卢沟桥、房山琉璃河、辽宁喀左北燕国地域内出土，这次又在北京顺义牛栏山发现，说明㠱侯亚[illegible]一族应是商末周初北燕境内的大族。学者专家据此推定箕子之箕国原应在北京地区，似不无道理。

1986～1990 年，北京市文物研究所发掘了北京房山北拒马河畔的镇江营与塔照遗址[149]。发掘者划定的商周第三期第

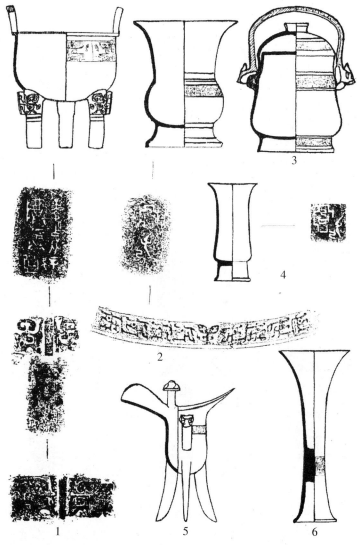

图一八　北京顺义牛栏山出土西周铜器

1.圆鼎及铭文与纹饰　2.尊及铭文与纹饰　3.提梁卣　4.觯与铭文　5.爵　6.瓤

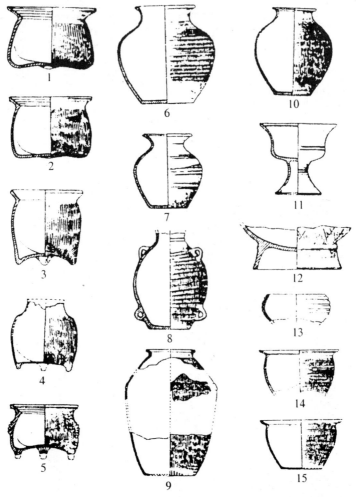

图一九 房山镇江营遗址商周第四期出土器物（一）

1、2.陶袋足鬲（1.AⅠ，2.BⅢ） 3~5.陶足跟鬲（3.AⅠ，4.C，5.DⅢ）

6~8.陶罐（6.AⅡ，7.EⅡ，8.四系） 9、10.陶瓮（9.AⅢ，10.CⅠ）

11~13.陶簋（11.AⅢ，12.B，13.CⅠ） 14、15.陶盆（14AⅢ，15.BⅢ）

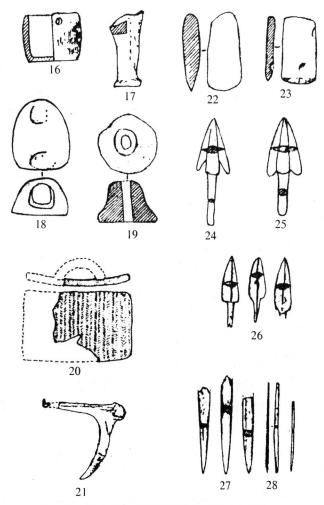

图二〇　房山镇江营遗址商周第四期出土器物（二）
16.陶杯　17.陶鼎足　18.A型陶垫　19.陶纺轮　20.A型陶印模　21.角镰
22.石斧　23.石锛　24、25.铜镞　26.A型骨镞　27.骨锥　28.骨针

二段到商周第四期第二段，恰处西周早期至西周晚期时间段。报告中以商周三期出高领、口沿带附加堆纹的筒腹鬲，将其归之于属土著燕文化的张家园上层文化；以商周四期出袋足鬲，将其归之于中原系的西周燕文化范畴。这种划分，是与遗存中的遗物相符合的（图一九、二〇）。特别的是，在第四期遗物的骨器中，还发现有字卜骨一块。它以牛肩胛骨制成，有钻有凿，正面刻两纵行米粒大小的卦数，右为"六六六六七七"，系临卦；左为"七六八六五八"，系蒙卦。这是北京地区与白浮、琉璃河带字卜骨鼎足而三的重大发现，为商周古易卦增添了新资料。

在河北省中部的唐县和北部的迁安、兴隆也有一些西周时期的零星考古发现。1965 年，河北唐县南伏城农民取土时发现西周铜器窖藏一坑。铜器埋在断崖下 3 米深处一个用不规则石块垒砌的长约 80、深约 60 厘米的长方形坑中，共五件。它们是凤纹双贯耳圆壶、三足弦纹带盖簋、双附耳圆盘、兽首柄铜匜、铜鬲。另外，还在城内征集到早年当地出土的一件蝉纹三足鼎。原简报中推定这批铜器的年代属西周中晚期，并推测其窖藏或与某种祭仪有关[150]。近年又有学者将唐县南伏城铜器的年代改定为春秋早期。1984 年以来，保定地区文管所对唐县洪城遗址作过多次调查。发现其中的 A 群遗物出有张家园上层文化的典型器——高领附加堆纹筒腹鬲，这为河北商周时期土著燕文化——张家园上层文化又发现了一个新遗址[151]。1984 年 4 月，河北兴隆县小东区小河南村农民取石挖土时发现一处青铜器窖藏。出土以兵器为主的青铜器十件，其中有戈四件，蘑菇首青铜短剑、铃首刀、牛首刀、矛、钺、刻"米"形符铭为"且乙"的器盖各一件。其刀、剑均具北方草原文化风格，与白浮墓所出很相似。原简报中推定其年代应属西周早期[152]。1983 年 11 月和 1984 年 8 月，河北迁安县小山东庄村民在修路时，先后两次发现古铜器与陶器。原简报中称这些器物出于一座墓葬，编号为 QXM1。但由于人为与自然破坏，它们是否出于同一墓葬还难以确定。出土器物计有铜鼎三件、簋一件、戈二件、斧四件、扣一百二十四枚，金臂钏二件、金耳环一件，陶罐八件、陶鬲四件，松石耳坠一件、松石珠三十五颗。这些铜器年代特征不一，有盖云雷纹鼎似为商周之际器，而双珥簋明显为西周时器。金臂钏、金耳环为夏家店下层文化和张家园上层文化所习见，而高领筒腹的陶鬲又是张家园上层文化的典型器。原简报中推断其年代为晚商至西周中期，不免失之过宽。如它们出于墓葬，是否有可能并非出于一墓，或晚期墓葬有早期器，还值得研究。其中双珥圈足簋的铭文首字 ![字]，似应为一字，当系作器者私名。简报中先释为"郾侯"，后释为"侯爵"，皆不确。究为何字，笔者亦不识，姑录之以待高明[153]。

（三）西周燕文化综合与专题研究

1. 西周燕文化综合研究

有关西周燕文化的综合性论述，主要有陈梦家的《西周之燕的考察》、陈平的《"先燕文化"与"周初文化"刍议》、刘绪的《西周燕文化与张家园上层类型》和陈光的《西周燕国文化初论》等。

陈梦家的《西周之燕的考察》一文，是在此前已论述了西周燕、召诸铜器铭文之后展开的。文中论及了燕国公族的姓

（姬姓）、都邑（匽、临易、燕下都）及长城等问题。还通过北燕方言，战国燕刀货，文献中的"全燕"，"肃慎、燕亳"等，对西周之燕进行了考察[154]。

陈平的《"先燕文化"与"周初燕文化"刍议》一文，重点讨论的是周初燕文化的渊源及其因素构成。文中强调，在考虑周初燕文化的渊源即先燕文化的构成时，不能只考虑本地因素，也要把关中姬周文化作为一个重要因素考虑进去。周初燕文化，应由关中姬周文化，封给燕侯的西北氐羌与海岱东夷诸族文化，商末的燕亳、匽、孤竹等北土商文化，早徙的东夷偃族文化，北方戎狄土著文化等诸多因素合成。其中起主导作用的则是外来的关中姬周文化[155]。

刘绪等的《西周燕文化与张家园上层类型》一文，就琉璃河遗址燕文化的基本特征及北京、天津地区与燕文化有关的发现，谈了对张家园上层类型的认识及对相关问题的几点思考。该文认为，周文化、商文化、张家园上层类型的土著文化三种因素在琉璃河燕都遗址居址中共存，它们都属燕文化。围坊三期与周文化因素有较多渗入的张家园上层类型区别很大，应当像韩嘉谷那样将这二者视为前后相衔的两种文化[156]。

陈光的《西周燕国文化初论》，首先对文化因素、族文化、国文化三种概念作了界定。接着，将两周燕文化划分成了燕侯、宗族显贵、异族显贵、异族贵族、周人与异族次贵族、燕国平民、张家园上层文化土著等六个等级层面，并作了内涵分析。最后，就建燕的年代、西周燕国文化的构成、西周燕文化、燕国的武备、张家园上层文化的消长、西周燕国的统治方式等问题进行了探讨。文中认为，燕国的建立晚于齐、鲁两国，约在成王后期。西周燕文化中商文化因素最重，周文化因

素次之，并间或显示出少量的张家园上层文化及北方其他族文
化因素的存在。燕国重视武备，墓中多随葬兵器。西周的张家
园上层文化，又可分为永定河以南与以北两个类型。永定河以
南琉璃河燕都遗址附近的张家园上层文化到西周中期以后即被
西周燕文化取代，较远的地方则没有。永定河以北类型则到西
周晚期也未被西周燕文化取代。西周燕国的统治方式，是实行
重要城镇和军事要地占领的据点式，其势力还不可能触及到占
领区内的每个村庄[157]。

2. 西周燕文化分期研究

目前，虽然涉及西周燕文化的文章已发表不少，但真正在
严格意义上为西周燕文化分期而作的文章，我们认为只有柴晓
明的《华北西周陶器初论》和《论西周时期的燕国文化遗存》
两文。

《华北西周陶器初论》一文，虽并不是专论西周燕国陶器
之作，而只是在概论整个华北地区西周陶器时包含了对西周燕
国陶器的研究，但该文却着重分析了华北西周陶器中的鬲、
簋、罐、盆、豆五个主要器类，又将鬲分为袋足、分档和联档
三种，并首次利用地层关系及结合器形与共存关系，把华北的
西周陶器分为三组，即早、中、晚三期[158]。这为认识华北的
西周文化乃至燕国早期文化作了基础性工作，也为他日后撰写
《论西周时期的燕国文化遗存》一文，将西周燕文化分成三期，
并对其陶器、青铜器作相应的描述、归纳作了准备。

《论西周时期的燕国文化遗存》一文，重点考察了北京房
山琉璃河、昌平白浮、顺义牛栏山、河北满城要庄、任丘哑叭
庄等处的西周墓葬，以及满城要庄、房山琉璃河、镇江营等西
周遗址。该文将西周燕墓分为早、中、晚三期，排出年代序

列，并对各期陶器、青铜器的组合、形制、纹饰、演化过程作了描述。同时，对遗址中出土陶器的组合、形制、纹饰与演化，也做了相应的描述。该文还讨论了琉璃河城址的性质、使用年代、1193 号大墓墓主和西周燕国疆域等问题，认为琉璃河古城的始建年代应在周初成康时期，1193 号大墓墓主应为召公奭，西周燕国直接控制的地区大致不出北京以南的平原地区[159]。

西周燕文化，主要分布于燕山南麓与太行山北段东麓的北京、天津、唐山地区，它南过北易水，东临大海，北倚燕山，西依太行，其地域与商代的围坊（张家园）上层文化大体重合而略有变化。西周燕文化，在其分布地域以内又可划分为空间不同、时间上并行的两个大类型。其一为姬燕文化类型；其二为土著燕文化类型，即西周时期的围坊（张家园）上层文化类型。

姬燕文化类型，以北京房山琉璃河古燕都遗址为中心，分布于北京平原及其以南地区。它的南线，大约在今河北满城、徐水、容城、任丘一带；其东线则在天津蓟县、宝坻一带。但其内也有相当数量与面积的围坊（张家园）上层文化遗址分布，并不完全为姬燕文化类型所独有。

姬燕文化类型的遗迹，主要有城址、宫殿建筑遗址、房址、灰坑、窖穴、水井和墓葬等。包括都城城址、宫殿遗址、墓葬区在内的大遗址，目前仅发现北京房山琉璃河古燕都遗址一处。除此而外，姬燕文化遗址发表资料的主要有河北满城要庄[160]、易县燕下都[161]和北京房山镇江营[162]等处。另外，在天津蓟县[163]、河北易县[164]、涞水[165]等地的商周遗址中，也有一些西周文化遗存发现。

文中还将该类型文化遗址的特征作了归纳：一、陶器中特别流行各式袋足鬲、分裆鬲，其他较常见的器形是各种形式的罐、簋、豆等，不见沣镐地区盛行的瘪裆鬲、盂等器形。二、燕地的小型房屋，既有地面建筑，又有串地穴式的，平面形制有方形，亦有圆形，显示出相当的多样性。同时，文中对姬燕类型墓葬的特征也作了总结：一、墓葬随葬器组合以鬲簋罐、鬲罐及单种单件陶器为主。早期不见殷代常见的觚爵组合，中晚期不见沣镐地区流行的含盂组合。二、燕墓头向均朝北，仰身直肢葬占绝对多数。大型车马坑中的车子均拆散放置。大型墓葬的墓道、墓室内较少随葬车马[166]。

3. 传世西周青铜器研究

中国自北宋时期开始，就有摹刻青铜器铭文和传刻青铜器器形、纹饰的著录图籍问世，吕大临的《考古图》、王黼等的《博古图录》为其初创代表。自清代以来，青铜器著录书籍层出不穷，蔚为大观。据孙稚雏编著的《金文著录简目》[167]所收，自清中叶《西清古鉴》至1946年《海外中国铜器图录》，不下一百余种。其中，有不少著录传世西周燕国青铜器和铭文的书籍。这些是西周燕文化最初的也是比较重要的一项发现。

对传世西周燕器的研究，起于国学大师王国维对北伯鼎的考跋。该跋认为，清末光绪庚寅直隶涞水县张家窪出土的北伯诸器之北，盖古之邶国也，而邶即燕，鄘即鲁。邶之为燕，可以北伯诸器出土地证之。同时认为，邶伯诸器的出土地河北涞水张家窪离北燕很近，《诗经》有邶鄘卫之称，但仅卫有诗而邶、鄘皆有目无诗，《诗经》之邶、鄘、卫正与史载之燕、鲁、卫相对应，故邶应即燕，鄘即鲁[168]。上述意见，在当时虽不失为卓见，但站在今日的高度观之，不免略失之于疏空。出北伯诸器的河北涞水张家洼确离北燕很近，但在离北燕很近处也可能有别的诸侯国，未必皆是北燕国。近年的考古发现已证实，北燕的初都是今北京房山琉璃河遗址中的董家林古城，北燕在金文中书作"匽"而不是北或邶，邶并非北燕，北伯诸器也并非严格意义上的燕器。但这篇跋文，仍是从传世铜器涉及燕国研究的最早的一篇论著。1995 年，陈恩林撰文指出，与燕相近的邶国是商代以来就存在的古国，但它不是《诗经》邶、鄘、卫中的邶国[169]。近年，张新斌撰文认为，河北涞水之邶伯器很可能是周初原封于豫北河内之邶国被周公除灭后北窜作燕附庸之族人所遗[170]。其说颇有价值。

传世西周燕器研究中的一个重要方面，是对传世太保器的研究。此项先驱之作，是 20 世纪 30 年代郭沫若在《两周金文辞大系》中的有关论述[171]。继之，则有 20 世纪 50 年代陈梦家在《西周铜器断代》中的有关论述[172]。范汝生也为文论及太保鼎[173]。1977 年，冯蒸刊文，论及周初太保氏的一件青铜兵器，即现藏美国华盛顿弗利尔美术馆的太保斿残勾戟[174]。太保斿的所有者虽非燕之始祖太保召公奭，亦当是其后裔，与燕也不无关系。1980 年，陈寿（实为陈公柔与张长寿二人之合名）刊文，论及 1975 年在美国弗利尔美术馆重出的太保簋与传世梁山七器。该文认为，七器中除小臣艅犀尊外，都与召公奭有关，这是七器的最重要之点。为召伯父辛作器的伯憲与匽侯旨为兄弟辈，召伯父辛即召公奭，为伯憲的父辈[175]。1982 年，蔡运章刊文，从 1973 年出于河南洛阳庞家沟的太保彗戈论及了 1931 年浚县辛村卫墓及《三代吉金文存》著录的另外四件太保彗戈（彗，或释斿）[176]。1991 年，殷玮璋、曹淑琴二人刊文，结合琉璃河新出太保器，对传世太保器也作了综合研究[177]。1993年，常征又刊文，对太保鼎作了研究[178]。

在传世太保器的研究中，对保卣的研究比较集中而又存在争议。保卣与同铭之保尊传出河南洛阳。1951年夏，陈梦家于徐森玉处见卣铭拓本，并于1955年9月首次刊布该铭资料。现卣藏上海博物馆，尊归河南省文管会。陈梦家定卣为武王时器，作器者保与周公子明保恐无关系[179]，可能是"保奭"[180]。对此，平心首先认为此铭之保即禽簋的明保，即鲁公伯禽[181]，接着改为保即武王之庶弟毛叔郑，亦即令彝之明保[182]，最后又认为该卣作器者不是保，而应是五侯征[183]。黄盛璋认为，卣的作器者保实为召保奭[184]。郭沫若认为，铭中之保虽是召保奭，但作器者应是保的下属无名子[185]。白川静认为，卣的作器者应是五侯征[186]。蒋大沂认为，保就是明保[187]。上海市博物馆《商周青铜器铭文选集》编辑组认为，保是太保奭[188]。孙稚雏认为，铭中的保应为召保奭，作器者则为五侯征[189]。陈寿认为，铭中保为太保奭，器作于成王初年[190]。美国学者夏含夷认为，保应为太保召公奭，但作器者则是已臣服于周的商人"征"[191]。近年，彭裕商对保卣铭又作新解，以为作器者保非召保奭，亦非周公子明保，而应是一个私名为保的周初殷遗[192]。其解释确有新意，十分值得重视。可见，在对铭中"保"的理解上，专家学者们的意见还很不一致。该卣是否为燕器或太保器，仍需假以时日，详加斟酌。

同时，赵新来刊文介绍和研究过保尊[193]。庞怀静、石志廉、徐锡台、李自智刊文介绍和研究过太保玉戈[194]。

此外，唐兰[195]、李学勤[196]、曹淑琴[197]、张亚初[198]、金岳和美国学者夏含夷[199]等，对传世西周燕国青铜器与铭文也都作过研究。

4. 西周燕文化其他专题研究

除发表上述有关分期和传世西周青铜器的论述外，学者专家们还对周初封燕年代与北京建城（建都）年代（含论武王伐纣之年）、燕国都城兴废变迁、燕国国内部族构成、燕亳等几个专题进行了研究。

由于史籍对周初封燕的记载太过简略，而燕自西周初至春秋中期又长期沉寂，不通中国之礼聘，不见于《左传》等典籍的记载。因此，早年颇有学者认为，燕与吴一样并非周初之封国[200]，或认为，鲁、燕、齐之初封应在成周洛阳东南，后方迁于山东、河北[201]。近年，随着北京房山古燕都遗址的考古发现，有关燕乃周初封国及其自周初就直接封于北燕（即琉璃河古燕都）的观点，在学界已渐成共识。于是，对于周初封燕的年代问题，有将其与武王伐纣之年等同起来的，也有将其与北京建城或建都之年等同起来的。

因《史记·燕世家》首载"周武王之灭纣，封召公于北燕"之语，所以有些学者便以武王伐纣之年，作为召公封于北燕之年。讨论武王伐纣之年的论述很多，据 80 年代末王采枚在一篇论文中的介绍，约有二十一说[202]。近年又有增加，据传已达四十说左右。这些我们就不备举了。其中将武王伐纣之年与召公建燕之年联系起来且具代表性的观点，是夏含夷、赵光贤等所持的武王克商为公元前 1045 年之说。与此相关的论文有：夏含夷的《〈竹书纪年〉与周武王克商的年代》[203]，赵光贤的《武王克商之年的管见》[204]、《武王克商与西周诸王年代考》[205]，张永山的《召公建燕年代》[206]等。1999 年，夏商周断代工程又将武王克商之年推定在了公元前 1046 年。对此许多学者持有不同意见。可见，这个问题还需继续探讨。

近年，又有不少学者将武王伐纣、召公建燕与北京建城或建都联系起来，其中以侯仁之的观点影响最大。他采赵光贤等前说，定北京建城于公元前 1045 年。对此，北京市政府予以采纳，于是便有了 1995 年庆祝北京建城 3040 年的一系列活动。其他相关论文主要有：侯仁之的《论北京建城之始》[207]、《关于京东考古和北京建城的年代问题》[208]，周继中的《北京建都从西周燕国开始》[209]，李江浙的《北京始都年代考》，贺树德的《北京建城年代与建都年代问题》[210]等。

此外，还有一些涉及燕国始封年代的论述，如王宇信的《〈史记〉"封召公奭于燕"的武王为宏观"武王（时期）"说》[211]，陈恩林的《论鲁、齐、燕的始封及燕与邶国关系》[212]，陈平的《克器事燕六族会释考证》[213]、《克罍、克盉铭文及其有关问题》[214]，杜勇的《关于鲁、燕、齐始封年代的考察》[215]等。目前学界已清楚地认识到：即使召公被武王封于北燕的事实真正存在，那也只是名义上的，召公及其元子均不可能去北燕就封立国。北燕建国应在成王平定东夷叛乱和齐、鲁建国之后[216]。因此，武王伐纣之年并非燕国建国之年，将武王伐纣之年与召公封燕、北京建城等同起来，也只是一种模糊的史学观念。

论及燕国都城兴废变迁的文章，主要有：郭仁、田敬东的《琉璃河商周遗址为周初燕都说》[217]，赵其昌的《蓟城的探索》[218]，李伯谦的《北京房山董家林古城址的年代及相关问题》[219]，常征的《召公封燕及燕都考》[220]，石永士的《姬燕国号的由来及其都城的变迁》，赵评春、孙秀仁的《论燕国形成年代与燕都蓟城方位道里》，曲英杰的《燕城蠡测》[221]，陈平的《燕亳与蓟城的再探讨》[222]、《燕都兴废、迁徙谈》[223]，刘绪、赵福生的《琉璃河遗址西周燕文化的新认识》[224]等。

涉及西周燕国内部部族构成问题的文章，主要有：葛英会的《关于燕国历史上的几个问题》[225]、《燕国部族及部族的联合》[226]，韩嘉谷的《燕国境内诸考古文化的族属探索》，阎忠的《西周春秋时期燕国境内及其周边各族考略》[227]，张剑的《论西周燕国殷遗民的政治地位》[228]，雷兴山的《试论西周燕文化中的殷遗民文化因素》[229]等。

专门讨论"燕亳"问题的文章，主要有：张博泉的《肃慎、燕亳考》[230]、林沄的《"燕亳"和"燕亳邦"小议》[231]和陈平的《燕亳与蓟城的再探讨》[232]。

此外，对西周燕文化作专题研究的论文还有很多，限于篇幅，我们就不备举了。

注　释

[1] 殷玮璋《闭墓式致辞发言》，《北京建城 3040 年暨燕文明国际学术研讨会会议专辑》第 49 页，北京燕山出版社 1997 年版。

[2] 北京市文物局文物调查研究组《近几年来的北京文物工作》，《文物》1959年第 9 期。

[3] 北京市文物工作队《北京房山县考古调查简报》，《考古》1963 年第 3 期。

[4] 郭仁《房山琉璃河遗址发现记》，《文物天地》1992 年第 4 期；田敬东《琉璃河遗址发掘记略》，《北京建城 3040 年暨燕文明国际学术研讨会会议专辑》第 64 页，北京燕山出版社 1997 年版；齐心《琉璃河商周遗址发现、发掘与研究》，《北京建城 3040 年暨燕文明国际学术研讨会会议专辑》第 58 页，北京燕山出版社 1997 年版。

[5] 邹衡《开墓式致辞发言》，《北京建城 3040 年暨燕文明国际学术研讨会会议专辑》第 35 页，北京燕山出版社 1997 年版；《寻找燕、晋始封地的始末》，《夏商周考古学论文集（续集）》第 324 页，科学出版社 1998 年版；另见[3]。

[6] 中国科学院考古研究所、北京市文物管理处、房山县文教局、琉璃河考古工作队《北京附近发现的西周奴隶殉葬墓》,《考古》1974 年第 5 期。

[7]《文物特刊》第 5 期（试刊），文物出版社 1975 年 10 月 15 日；北京市文物研究所《琉璃河西周燕国墓地 1973—1977》第二章第二节《西周早期墓葬》和第三章第三节《青铜器、铅器》，文物出版社 1995 年版。

[8] 北京市文物研究所《琉璃河西周燕国墓地 1973—1977》，文物出版社 1995 年版。

[9] 中国社会科学院考古研究所、北京市文物工作队、琉璃河考古队《1981～1983 年琉璃河西周燕国墓地发掘简报》,《考古》1984 年第 5 期；《北京琉璃河 1193 号大墓发掘简报》,《考古》1990 年第 1 期；王巍、黄秀纯《北京琉璃河西周遗址》,《中国考古学年鉴·1985 年》，文物出版社 1986 年版；龚国强《房山县琉璃河西周墓》,《中国考古学年鉴·1986 年》，文物出版社 1987 年版。

[10] 殷玮璋《记北京琉璃河遗址出土的西周漆器》,《考古》1984 年第 5 期。

[11] 郭义孚《北京琉璃河西周燕国墓地出土漆器复原研究》,《华夏考古》1991 年第 2 期。

[12] 中国社会科学院考古研究所、北京市文物研究所、琉璃河考古队《北京琉璃河 1193 号大墓发掘简报》,《考古》1990 年第 1 期。

[13] 陈平《克罍、克盉铭文及其有关问题》,《考古》1991 年第 9 期；《再论克罍、克盉铭文及其有关问题》,《考古与文物》1995 年第 1 期。

[14] 北京市文物研究所《北京考古四十年》第 40～66 页，北京燕山出版社 1990 年版。

[15] 北京市文物研究所、北京大学考古学系《1995 年琉璃河遗址墓葬区发掘简报》,《文物》1996 年第 6 期。

[16] 北京大学考古系、北京市文物研究所《1995 年琉璃河周代居址发掘简报》,《文物》1996 年第 1 期。

[17] 琉璃河考古队《琉璃河遗址 1996 年度发掘简报》,《文物》1997 年 6 期。

[18] 同 [16]。

[19] 同 [17]。

[20] 刘绪等《琉璃河遗址西周燕文化的新认识》,《文物》1997 年第 4 期。

[21] 同 [3]。

[22] 同 [6]。

[23] 晏琬（李学勤）《北京、辽宁出土的铜器与周初的燕》,《考古》1975 年第 5

期。

[24] 北京大学历史系考古教研室商周组（邹衡）《商周考古》第 127～135 页，文物出版社 1979 年版。

[25] 鲁琪、葛英会《北京市出土文物展览巡礼》，《文物》1978 年第 4 期；北京市文物局考古队（郭仁执笔）《建国以来北京市考古和文物保护工作》，《文物考古工作三十年》第 1～2 页，文物出版社 1979 年版。

[26] 郭仁、田敬东《琉璃河商周遗址为周初燕都说》，《北京史论文集》，1980年。

[27] 陈平《燕史纪事编年会按》上册第 60～62 页，北京大学出版社 1995 年版。

[28] 李学勤《西周时期的诸侯国青铜器》，《中国社会科学院研究生院学报》1985年第 6 期。

[29] 李伯谦《北京房山董家林古城址的年代及相关问题》，《北京建城 3040 年暨燕文明国际学术研讨会会议专辑》第 72～79 页，北京燕山出版社 1997 年版。

[30] 曲英杰《燕城蠡测》，《北京建城 3040 年暨燕文明国际学术研讨会会议专辑》第 189～196 页，北京燕山出版社 1997 年版。

[31] 同 [16]。

[32] 同 [17]。

[33] 同 [20]。

[34] 同上。

[35] 同上。

[36] 同 [16]。

[37] 同 [29]。

[38] 齐心主编《图说北京史》上册第 37 页，北京燕山出版社 1999 年版。

[39] 陈平《燕都兴废、迁徙谈》，《北京社会科学》1998 年第 1 期。

[40] 同 [20]。

[41] 王灿炽《北京建都始于公元前 1057 年》，《中国地方志》1982 年第 6 期。

[42] 同 [3]。

[43] 同 [29]。

[44] 韩嘉谷《燕史源流的考古学考察》，《北京文物与考古》第二辑第 1～24 页，北京市文物研究所 1991 年。

[45] 同 [6]。

[46] 李华《北京房山琉璃河遗址发现的商代遗迹》，《文物》1997 年第 4 期。

[47] 同 [16]。

[48] 同 [17]。

[49] 赵福生《琉璃河遗址访谈录》,《北京文博》1997 年第 1 期。

[50] 同 [16]。

[51] 同 [17]。

[52] 同 [20]。

[53] 雷兴山《试论西周燕文化的殷遗民文化因素》,《北京文博》1997 年第 4 期。

[54] 同 [6]。

[55] 北京市文物局考古队（郭仁执笔）《建国以来北京市考古和文物保护工作》,《文物考古工作三十年》第 1～2 页,文物出版社 1979 年版。

[56] 同上。

[57] 同 [8]。

[58] 张亚初《燕国青铜器铭文研究》,《中国考古学论丛——中国社会科学院考古研究所建所 40 周年纪念》第 323～330 页,科学出版社 1993 年版。

[59] 张剑《试论西周燕国殷遗民的政治地位》,《北京建城 3040 年暨燕文明国际学术研讨会会议专辑》第 269～274 页,北京燕山出版社 1997 年版。

[60] 陈平《克器事燕六族会释考证》,《北京建城 3040 年暨燕文明国际学术研讨会会议专辑》第 252～268 页,北京燕山出版社 1997 年版。

[61] 同 [20]。

[62] 陈光《西周燕国文化初论》,《中国考古学的跨世纪反思》下册第 371～374 页,香港商务印书馆 1999 年版。

[63] 同 [55]。

[64] 同 [8]。

[65] 见 [9]、[15]。

[66] 同 [29]。

[67] 同 [8]。

[68] 同 [9]。

[69] 同 [62]。

[70] 同 [6]。

[71] 同 [8]。

[72] 柴晓明《华北西周陶器初论》,《青果集》第 202～213 页,知识出版社 1993 年版。

[73] 柴晓明《论西周时期的燕国文化遗存》,《北京建城 3040 年暨燕文明国际学

术研讨会会议专辑》第 275～285 页，北京燕山出版社 1997 年版。

[74] 同［9］。

[75] 同［15］。

[76] 同［20］。

[77] 潘祖荫《攀古楼彝器款识》1.15，1872 年。

[78] 田敬东《琉璃河遗址发掘述略》，《北京建城 3040 年暨燕文明国际学术研讨会会议专辑》第 64～71 页，北京燕山出版社 1997 年版。

[79] 同［6］。

[80] 同［23］。

[81]《北京房山琉璃河西周墓葬发现一批重要青铜器》，《文物特刊》第 5 期，文物出版社 1975 年 10 月 15 日。

[82] 同［25］。

[83] 同［55］。

[84] 常征《召公封燕及燕都考》，《北京史论文集》第一辑，1980 年。

[85] 葛英会《燕国的部族及部族联合》，《北京文物与考古》第一辑第 1～18 页，北京历史考古丛书编辑组，1983 年。

[86] 王采梅《论周初封燕及其相关问题》，《北京社会科学》1989 年第 4 期。

[87] 曹淑琴、殷玮璋《亚戋铜器及其相关问题》，《中国考古学研究——夏鼐先生考古五十周年纪念文集》第 191～199 页，文物出版社 1986 年版；《伯矩铜器群及其相关问题》，《庆祝苏秉琦先生五十五周年论文集》第 398～407 页，文物出版社 1989 年版。

[88] 曹淑琴《西周员器初探》，《北京建城 3040 年暨燕文明国际学术研讨会会议专辑》第 312～319 页，北京燕山出版社 1997 年版。

[89] 同［8］。

[90] 唐嘉弘《西周燕国墓"折兵"之解》，《中国文物报》1992 年 5 月 17 日。

[91] 田敬东《北京地区发现的商周时期青铜礼器的初步研究》，《北京文物与考古》第四辑第 97～98 页，北京市文物研究所编印，1984 年。

[92] 中国社会科学院考古研究所、北京市文物工作队、琉璃河考古队《1981—1983 年琉璃河西周燕国墓地发掘简报》，《考古》1984 年第 5 期。

[93] 同［58］。

[94] 同［88］。

[95]《考古》编辑部《北京琉璃河出土西周有铭铜器座谈纪要》，《考古》1989 年第 10 期。

[96] 中国社会科学院考古研究所、北京市文物研究所、琉璃河考古队《北京琉璃河 1193 号大墓发掘简报》,《考古》1990 年第 1 期。

[97] 以下论及克罍、克盉铭文诸家,凡殷玮璋、张长寿、陈公柔、王世民、李学勤、刘雨、杜迺松之论议,均出《考古》1989 年第 10 期所刊之《北京琉璃河出土西周有铭铜器座谈纪要》(以下简称《纪要》)。张亚初除《纪要》外,还有《太保罍、盉铭文的再探讨》(《考古》1993 年第 1 期)。赵光贤论议,见《关于琉璃河 1193 号周墓的几个问题》(《历史研究》1994 年第 2 期)。陈平论议,见《克罍、克盉铭文及其有关问题》(《考古》1991 年第 9 期)、《再论克罍、克盉铭文及其有关问题》(《考古与文物》1995 年第 1 期)、《克器事燕六族会释考证》(《北京建城 3040 年暨燕文明国际学术研讨会会议专辑》第 252~268 页,北京燕山出版社 1997 年版。)、《初燕克器铭文"心"、"⿰凵巴"辨》(《北京文博》1999 年第 2 期)和《琉璃河遗址研究散论》(《首都博物馆丛刊》第 14 辑,北京燕山出版社 2000 年版)。尹盛平论议,见《新出太保铜器铭文及周初分封诸侯授民问题》(《西周史论文集》,陕西人民教育出版社 1993 年版)。方述鑫论议,见《太保罍、盉铭文考释》(《考古与文物》1992 年第 6 期)。刘桓论议,见《关于琉璃河太保二器的考释》(《学习与探索》1992 年第 3 期)。张华论议,见《匽侯克器铭文浅见》(《文物春秋》1992 年第 3 期)。林小安论议,见《琉璃河 1193 号燕侯大墓发掘刍议》。戴春阳论议,见《论"克罍、盉"的铭文与燕国始封的有关问题》。以上两文,均见《北京建城 3040 暨燕文明国际学术研讨会会议专辑》第 164 ~166、152~163 页,北京燕山出版社 1997 年版。韩建识论议,见《释"⿱宀⿳一口一"、"⿱宀木"》(《北京文博》1998 年第 2 期)。杜勇论议,见《关于鲁、燕、齐始封年代的考察》(《大陆杂志》第九十七卷第三期,1998 年 9 月 15 日台湾出版)。沈长云论议,见《说燕国的分封在康王之世》(《中国历史博物馆馆刊》1999 年第 2 期)。

[98] 同 [27]。

[99] 陈平《莫鼎铭文再探讨》,《古文字研究》第二十二辑第 88~92 页。

[100] 同 [73]。

[101] 《礼记·檀弓下》云:"公室视丰碑",郑注曰:"丰碑,斫大木为之,形如石碑。于椁前后四角树之。穿中于间为鹿卢。下棺以绋绕。天子六绋四碑……诸侯四绋二碑。"

[102] 何堂坤《几件琉璃河西周早期青铜器的科学分析》,《文物》1988 年第 3 期。

[103] 石永士、王素芳《燕文化简论》，《内蒙古文物考古》1993 年第 1、2 期；李先登《燕国青铜器的初步研究》，《北京建城 3040 暨燕文明国际学术研讨会会议专辑》第 305～311 页，北京燕山出版社 1997 年版。

[104] 同 [28]。

[105] 王世民《西周时代诸侯方国青铜器概述》，《中国青铜器全集》第 6 集《西周 2》，文物出版社 1997 年版。

[106] 朱凤瀚《古代中国青铜器》，南开大学出版社 1995 年版。

[107] 同 [10]。

[108] 同 [11]。

[109] 杜金鹏《试论北京琉璃河西周墓出土的玉冠饰》，《文物季刊》1997 年第 4 期。

[110] 陈梦家《西周铜器断代（二）》，《考古学报》第十册，科学出版社 1955 年版。

[111] 热河省博物馆筹备组《热河凌源县海岛营子村发现的古代青铜器》，《文物》1955 年第 8 期。

[112] 辽宁省博物馆、朝阳地区博物馆《辽宁喀左县北洞村发现殷代青铜器》，《考古》1973 年第 4 期。

[113] 喀左县文化馆、朝阳地区博物馆、辽宁省博物馆北洞文物发掘小组《辽宁喀左县北洞村出土的殷周青铜器》，《考古》1974 年第 6 期。

[114] 喀左县文化馆、朝阳地区博物馆、辽宁省博物馆《辽宁省喀左县山湾子出土殷周青铜器》，《文物》1977 年第 12 期。

[115] 辽宁省文物考古研究所《辽宁喀左县高家洞商周墓》，《考古》1998 年第 4 期。

[116] 朝阳市博物馆、喀左县博物馆《介绍辽宁朝阳出土的几件文物》，《北方文物》1986 年第 2 期。

[117] 王世民《西周时代诸侯方国青铜器概述》，《中国青铜器全集》第 6 集《西周 2》前言，文物出版社 1997 年版。

[118] 同 [115]。

[119] 同 [116]。

[120] 同 [115]。

[121] 辽宁义县文物保管所孙思贤、邵福玉《辽宁义县发现商周铜器窖藏》，《文物》1982 年第 2 期。

[122] 同 [112]。

[123]《辽宁朝阳魏营子西周墓和古遗址》,《考古》1977 年第 5 期。

[124] 同 [111]。

[125] 同 [112]。

[126] 同 [113]。

[127] 同 [114]。

[128] 同 [110]。

[129] 郭宝钧《商周铜器群综合研究》第 49～56 页,文物出版社 1981 年版。

[130] 唐兰《从河南郑州出土的商代前期青铜器谈起》,《文物》1973 年第 3 期。

[131] 同 [23]。

[132] 唐兰《西周青铜器铭文分代史征》第 110 页《斐方鼎》,中华书局 1986 年版。

[133] 张长寿《西周墓葬的分区研究》,《新中国的考古发现和研究》第 261 页,文物出版社 1984 年版。

[134] 刘淑娟《山湾子商周青铜器断代及铭文简释》,《辽海文物学刊》1991 年第 2 期。

[135] 同 [73]。

[136] 公孙燕《燕侯盂出土喀左说明什么》,《理论与实践》1979 年第 11 期。

[137] 李振石《辽宁喀左北洞村出土的殷周青铜器》,《社会科学战线》1981 年第 3 期。

[138] 张震泽《匽侯盂考说》,《辽海文物学刊》1990 年第 1 期。

[139] 北京市文物管理处《北京地区的又一重要考古收获——昌平白浮西周木椁墓的新启示》,《考古》1976 年第 4 期。

[140] 杜金鹏《幽燕秘史》第 80 页,四川教育出版社 1996 年版。

[141] 齐心《北京出土西周兵器研究》,《北京文博》1998 年第 4 期。

[142] 同 [133]。

[143] 同 [73]。

[144] 同 [24] 第 199～200 页。

[145] 同 [133]。

[146] 董新林《魏营子文化初步研究》,《考古学报》2000 年第 1 期。

[147] 李维明《北京昌平白浮墓地分析》,《北京文博》2000 年第 3 期。

[148] 程长新《北京市顺义县牛栏山出土一组周初带铭青铜器》,《文物》1983 年第 11 期。

[149] 北京市文物研究所《镇江营与塔照——拒马河流域先秦考古文化的类型与

谱系》第 273～404 页，中国大百科全书出版社 1999 年版。

[150] 郑绍宗《唐县南伏城及北城子出土周代青铜器》，《文物春秋》1991 年第 1
期。

[151] 保定地区文管所《河北唐县洪城遗址的调查》，《考古》1996 年第 5 期。

[152] 兴隆县文物管理所（王峰）《河北兴隆县发现商周青铜器窖藏》，《文物》
1990 年第 11 期。

[153] 《迁安发现西周青铜器》，《中国文物报》1988 年 9 月 23 日；唐山市文物管
理处、迁安县文物管理所《河北迁安县小山东庄西周时期墓葬》，《考古》
1997 年第 4 期。

[154] 同 [110]。

[155] 陈平《“先燕文化”与“周初燕文化”刍议》，《北京文博》1995 年第 1 期。

[156] 赵福生、刘绪《试论燕文化与张家园上层类型》，《北京文博》1998 年第 1
期；另见《跋涉集》第 153～158 页，北京图书馆出版社 1998 年版。

[157] 同 [62]。

[158] 同 [72]。

[159] 同 [73]。

[160] 河北省文物研究所《河北满城要庄发掘简报》，《文物春秋》1992 年增刊。

[161] 石永士《河北考古工作中发现的先秦房屋遗存》，《文物春秋》1995 年第 4
期。

[162] 同 [149]。

[163] 天津市文物管理处《天津蓟县张家园遗址试掘简报》，《文物资料丛刊》第
1 辑，1977 年。

[164] 拒马河考古队《河北易县、涞水古遗址试掘报告》，《考古学报》1988 年第
4 期。

[165] 同上。

[166] 同 [73]。

[167] 孙稚雏《金文著录简目》，中华书局 1981 年版。

[168] 王国维《北伯鼎跋》，《观堂集林》卷十八《史林十》第 884～886 页，中华
书局 1959 年版。

[169] 陈恩林《论鲁、齐、燕的始封及燕与邶国关系》，《北京建城 3040 年暨燕文
明国际学术研讨会会议专辑》第 104～111 页，北京燕山出版社 1997 年版。

[170] 张新斌《周初“三监”与邶、鄘、卫地望研究》，《中原文物》1998 年第 2
期。

[171] 郭沫若《两周金文辞大系》，日本文求堂刊，1932 年。1935 年，他于日本又分刊《图录》、《考释》为二书。1958 年，由中国科学出版社合刊为《两周金文辞大系图录考释》共八册行世。

[172] 同［110］。

[173] 范汝生《太保鼎》，《文物》1959 年第 11 期。

[174] 冯蒸《关于西周初期太保氏的一件青铜兵器》，《文物》1977 年第 6 期。

[175] 陈寿《太保簋的复出和太保诸器》，《考古与文物》1980 年第 4 期。

[176] 蔡运章《太保莆戈跋》，《考古与文物》1982 年第 1 期。

[177] 殷玮璋、曹淑琴《周初太保器综合研究》，《考古学报》1991 年第 1 期。

[178] 常征《释〈太保鼎〉》，《北京社会科学》1993 年第 3 期。

[179] 陈梦家《西周铜器断代（一）》，《考古学报》第九册，科学出版社 1955 年版。

[180] 同［110］。

[181] 平心《文史拾荒录祝册与作册》，《学术月刊》1957 年 1 月号。

[182] 平心《保卣铭略释》，《中华文史论丛》总第四辑，1963 年。

[183] 平心《保卣铭新释》，《中华文史论丛》总第九辑，1979 年。

[184] 黄盛璋《保卣铭的时代与史实》，《考古学报》1957 年第 3 期。

[185] 郭沫若《保卣铭释文》，《考古学报》1958 年第 1 期。

[186] 白川静《金文通释》第 16 册 173～196 页，《白鹤美术馆志》4，1963 年。

[187] 蒋大沂《保卣铭考释》，《中华文史论丛》总第 5 辑，1964 年。

[188]《商周青铜器铭文选集》编辑组《商周青铜器铭文选集——西周方国征伐（一）》，《上海博物馆馆刊》第 1 集，1981 年。

[189] 孙稚雏《保卣铭文汇释》，《古文字研究》第 5 辑，1981 年。

[190] 同［175］。

[191]［美］夏含夷《简论〈保卣〉的作者问题》，《上海博物馆集刊》第 5 辑，1990 年。

[192] 彭裕商《保卣新解》，《考古与文物》1998 年第 4 期。

[193] 赵新来《一件有历史价值的青铜器——"保尊"》，《河南文博通讯》1980 年第 3 期。

[194] 庞怀靖《跋太保玉戈——兼论召公奭的有关问题》，《考古与文物》1986 年第 1 期；石志廉《周初太保玉戈》，《中国文物报》1989 年 6 月 16 日；徐锡台、李自智《太保玉戈铭补释》，《考古与文物》1993 年第 3 期。

[195] 同［132］第 94～110 页。

[196] 同［23］。

[197] 同［87］、［88］。

[198] 同［58］。

[199] 金岳《金文所见周代燕国》，《文物春秋》1990 年第 1 期；［美］夏含夷
《燕国铜器祖考称号与周人谥法的起源》，《北京建城 3040 年暨燕文明学术
研讨会会议专辑》，北京燕山出版社 1997 年版。

[200] 齐思和《燕、吴非周初封国说》，《燕京学报》第二十八期，1940 年 12 月。

[201] 傅斯年《大东小东说》，《中央研究院历史语言研究所集刊》第 2 本，1930
年。

[202] 王采枚《论周初封燕及其相关问题》，《北京社会科学》1989 年第 4 期。

[203] ［美］夏含夷《〈竹书纪年〉与周武王克商的年代》，《文史》第三十八辑。

[204] 赵光贤《武王克商之年的管见》，《燕都》1991 年第 4 期。

[205] 赵光贤《武王克商与西周诸王年代考》，《北京文博》1995 年第 1 期。

[206] 张永山《召公建燕年代》，《北京建城 3040 年暨燕文明国际学术研讨会会议
专辑》第 93～96 页，北京燕山出版社 1997 年版。

[207] 侯仁之《论北京建城之始》，《北京社会科学》，1990 年第 3 期。

[208] 侯仁之《关于京东考古和北京建城的年代问题》，《北京史研究通讯》1987
年第 2 期（总第 20 期）。

[209] 周继中《北京建都从西周燕国开始》，《北京史研究通讯》1981 年第 3 期
（总第 6 期）。

[210] 李江浙《北京始都年代考》，《北京建城 3040 年暨燕文明国际学术研讨会会
议专辑》，北京燕山出版社 1990 年版；贺树德《北京建城年代与建都年代
问题》，《北京建城 3040 年暨燕文明国际学术研讨会会议专辑》，北京燕山
出版社 1997 年版。

[211] 王宇信《〈史记〉"封召公奭于燕"的武王为宏观"武王（时期）"说》，《北
京建城 3040 年暨燕文明国际学术研讨会会议专辑》第 80～92 页，北京燕
山出版社 1997 年版。

[212] 同［169］。

[213] 同［60］。

[214] 同［13］。

[215] 杜勇《关于鲁、燕、齐始封年代的考察》，《大陆杂志》第九十七卷第三期，
1998 年 8 月 15 日台湾出版。

[216] 同［60］。

［217］同［26］。

［218］赵其昌《蓟城的探索》,《北京史研究（一）》,北京燕山出版社 1986 年版。

［219］同［29］。

［220］常征《召公封燕及燕都考》,《北京史论文集》第 1 辑,1980 年。

［221］石永士《姬燕国号的由来及其都城的变迁》；赵评春、孙秀仁《论燕国形成
年代与燕都蓟城方位道里》；曲英杰《燕城蠡测》,《北京建城 3040 年暨燕
文明国际学术研讨会会议专辑》第 175～181、182～188、189～196 页,北
京燕山出版社 1997 年版。

［222］陈平《燕亳与蓟城的再探讨》,《北京文博》1997 年第 2 期。

［223］同［39］。

［224］同［20］。

［225］葛英会《关于燕国历史上的几个问题》,《北京史苑》第 3 辑,1986 年。

［226］同［85］。

［227］韩嘉谷《燕国境内诸考古文化的族属探索》；阎忠《西周春秋时期燕国境内
及其周边各族考略》,《北京建城 3040 年暨燕文明国际学术研讨会会议专
辑》第 234～251、365～377 页,北京燕山出版社 1997 年版。

［228］同［59］。

［229］同［53］。

［230］张博泉《肃慎、燕亳考》,《东北考古与历史》1982 年第 1 期。

［231］林沄《"燕亳"和"燕亳邦"小议》,《史学集刊》1994 年第 2 期。

［232］同［222］。

三　东周燕文化的发现与研究

（一）易县东周燕下都遗址

易县东周燕下都遗址，位于今河北省易县城关东南 2.5 公里、处五里河与中易水之间。它北起西菇堡村，南至西魏家庄，西起中北奇村，东至杨威城村，南北长约 12 公里，东西宽约 13 公里，是一座包括城址、城内外宫殿、墓葬区及其他遗迹在内的古都大型遗址。东、西两城和城外北、东两面的宫殿区、墓葬区、作坊区，是它的中心。易县东周燕下都遗址与琉璃河西周燕都遗址一样，同为燕文化的重镇。两者遥相呼应，堪称南北双璧。

1. 历史文献记载中的易县东周燕下都

与琉璃河西周燕都遗址于历史史籍中失载不同，易县燕下都的情况在历史文献中有着比较详细的记录。最先记述易县燕下都城址、城内外宫殿建筑遗迹、陵墓及城址营建年代的，是北魏郦道元的《水经注》。《水经·易水注》说："易水又东历燕之长城，又东迳渐离城南，盖太子丹馆高渐离处也。易水又东迳武阳南。盖易自宽，中历武夫关东出，是兼武水之称。故燕之下都，擅武阳之名。左得濡水枝津故渎。武阳大城东南小城，即故（固）安县之故城也。……武阳，盖燕昭王之所城也。东西二十里，南北十七里。……濡水又东南迳樊於期馆西……濡水又东南流迳荆轲馆北……濡水又东迳武阳城西北旧

塌，濡水枝流，南入城迳柏冢西。冢垣城侧，即水塘也。四周
茔域深广，有若城焉。其水侧有数坟高壮，望若青丘。……侧
陂西北有钓台高十余丈，方可四十步。陂北十余步有金台，台
上东西八十许步，南北加减，高十余丈。……北有兰马台，并
悉高数丈，秀峙相对，翼台左右。水流径通，长庑广宇，周旋
浦渚，栋堵咸沦，柱础尚存，是其基构可得而寻。……咸言昭
王礼宾，广延方士……不欲令诸侯之客伺隙燕都，故修建下
都，馆之南垂。言燕昭创之于前，子丹踵之于后，故雕墙败
馆，尚有镌刻之名。"郦氏此注，点明燕下都武阳城因处武水
（今中易水）之阳而得名，其地在汉故安城西北，为燕昭王建
以处方士宾客之所。同时记录了当时可见的燕下都的诸多遗
迹，为后世寻求燕下都故址留下了极为宝贵的线索。此后，清
乾隆年间的《易州志》卷九《古迹门》中，对清代保留的燕下
都遗迹也有详细描述。其他如《述异记》、《七国考》、《元和郡
县志》、《太平寰宇记》、《上谷郡图经》、《易水志》、《大清一统
志》等，对易县燕下都均各有记载。

2．易县东周燕下都遗址的考古发现

（1）燕下都的早期发现

百余年前，每当大风雨之后，在燕下都遗址内便常有印
玺、铜镞、明刀、玉件等小件文物暴露于地表。据罗振玉《贞
松堂集古遗文》12·5记载："同光间，易州出古兵极多，戈、
戟、矛、镞皆燕物也。"[1]初尚龄《古金所见录》也说："河间
易州于败井颓垣中每有所获，（燕币）动辄数千。"[2]《伦敦艺
展》称："齐侯四器，光绪十八年（公元1892年）在下都姥姆
台出土。"[3]1914年端午日，乡农于老姆台东掘出了重36斤的
青铜螭龙[4]。美国文化间谍毕士博闻讯，驾驶飞机航拍了燕

下都鸟瞰全景图象，并拟勾结易县乡绅陈紫蓬在此作大规模盗掘，但终因当地民众群起反对而作罢。

20世纪20年代后期，燕下都重要文物的多次发现终于引起了学术界的关注。为阻止盗掘，由北大教授马衡发起，前北平研究院、古物保管委员会、北京大学三家联合组成了燕下都考古团，并于1929年11月20日开赴易县燕下都作考古调查。这次调查虽仅九日，却不但发现了燕下都遗址，而且还在其东南发现了西汉故安城旧址。

1930年3月，易县实业局周承殷等绘制成第一幅经科学实测的比例为二万分之一的《燕下都故址平面图》。据图测，当时武阳台高14米，面积10.5亩；练台高11米，面积4.7亩；女儿台高8.3米，面积4.2亩；狐狸台高15.4米，面积4.3亩；九女台高11~13米，面积2~2.7亩。同年4月，马衡再率考古团赴燕下都，开始发掘武阳城北的老姆台遗址，这是燕下都近代科学考古发掘的开始。5月，易县文化事业同志会与东陵盗匪孙殿英勾结，制造易县城南村抢案，阻挠考古团发掘，燕下都发掘被迫中止。

这次为期一个月的短暂发掘，取得了开拓性的成果。1931年，燕下都文物运回北平北海团城保存。除获得了一批珍贵遗物外，还有一系列相关研究论述问世。其中比较重要的有：傅振伦的《燕下都发掘报告》[5]、《燕下都第一期发掘工作报告书》[6]、《燕下都城址内外土台之考究》[7]、《燕下都考古记》[8]、《老姆台的发掘与遗物包含情况》[9]、《从燕下都发掘品考察瓦当制作方法》[10]、《燕冀丛话·燕国黄金台小考》[11]、《燕下都遗迹考》[12]、《燕下都半瓦》[13]、《中国艺术伦敦展览会陈列之河北文物》[14]，常惠的《易县燕下都故址调查报告书》[15]、《易县燕下都考古团发掘报告》[16]，王庆昌的《易县燕墟初步研究》[17]，王振洲的《燕下都考古团发掘工作之始末》[18]，傅增湘、周肇祥的《涞易游记》[19]、《易水重游》[20]，滕固的《燕下都"半规瓦当"上的兽形纹饰》[21]，孟桂良的《易水金石志稿》[22]，郑家相的《燕布之新发现》[23]等。

1949年春，北平和平解放，人民政府当即将北平北海团城、天津方若、华北古物管理委员会、察哈尔政府等处所存的燕下都出土文物，全部拨归北京历史博物馆（即中国历史博物馆前身）收藏。1950年底，又先后将石家庄及易县陈紫蓬旧藏的燕下都文物调拨给该馆收藏。

1955年，傅振伦发表《燕下都发掘品的初步整理与研究》[24]一文，对建国前燕下都的发掘重新作了整理、报告。该文称，经调查发掘，认定固村是燕下都的西北城角，并查明燕下都故城东西13里，南北10里，西南隅内收，城墙残存十之三四，西垣与门阙还显然可见。西南隅南垣残高仍有约7米，尚留版筑痕迹，版筑长约2米，高0.3米。城址内外有土台50余座，大多高6～7米，也有的高达20米，文化层明显可见。故城、河道、坟台的方位与《水经注》等古籍记载大体吻合。故城北墙外老姥台（即老姆台）残高约8米，占地20余亩，南面分三层，层高2～3米，广2～5米。台上旧有墙垣，西北角开门，中有高2米土阜一座。出土遗物有建筑品、陶器、釉陶、工具、货币、瓦棺与杂品等，而以燕国的建筑品居多。其中，燕下都故城内数村均发现新石器时代的石镰、石斧，老姥台南端1米地下也发掘出新石器时代带孔石器二件。值得注意的是，在老姥台、郎井村等地发现的被该文认为是先燕古物的俗称为"鱼骨盆"的瓦棺，并非"有虞氏瓦棺"，而应是战国秦汉时期流行的瓮棺葬，其年代恐早不到先燕。老姥台发掘出的燕国建筑品，有板瓦（现存二百一十六块）、瓦钉、筒瓦、半规瓦当、砖等。有的板瓦宽达 51 厘米。瓦钉分方、圆两种，有的长达 29 厘米。筒瓦中饰虚线交叉篱纹的一百四十六块，完整的有两块，径约 20 厘米，长 55、69 厘米；饰阴、阳回纹的一百三十块；饰错综蝉翼纹的一千一百九十三块；蝉翼、回纹交错排列的三十七块。半瓦当共出土二千五百三十七件，上有饕餮、云山、双螭、双夔、双鸟、双兽、双狼、双鹿等花纹，但多为饕餮纹或自饕餮纹演化而成。此外，也刻有一些文字。砖分双兽纹阑干砖、大型长方、方形薄砖等，纹饰还有阴、阳蝉翼、三角等。陶器现存残片一千七百二十七块，多残缺无法修复，可认出其中有鬲足、盆底等。原发现印有陶文的，现已不存。陶豆尚存二百九十六件，完整的十九件。有文字或符号的十二件。此外，还有小陶珠二枚、弹丸四枚。老姥台东发现陶井十余处，每处由十余甓垒成。柱迹旁，发现金属饰件、错银铜件、安阳布、明刀等。台上、台东出土铁锛、铁柄铜镢等。台北第 2 层深 1.2 米处有东西向垣墙一道，内杂苇获，北侧有柱洞，附近发现铜条、铜块、筒瓦、灰烬、土坯、阑干砖、石块等，似为毁于兵燹的燕国宫殿遗迹。台上西南发现陶下水道一处，由十三节陶水管接成。其中大的陶水管长 53、径 48 厘米。此外，台上还发现棒状料器、雕刻花纹的阑干砖石范及蚌蛤甲壳和马、驴、猪、牛、鹿等动物牙骨。台南端深 0.6 米处发现隋唐时居住遗迹一处和汉唐遗物多件。该文认为，老姥台最下层为殷代建筑遗迹，中层为燕国建筑，上层为汉唐建筑，唐时似为庙宇。值得注意的是，该文引王庆昌的观点，认为老姥台等燕下都高土台除顶部一层为人工夯筑外，其下部皆是地质年代天然形成的。这种观点显然是不正确的。

（2）建国后至《燕下都》出版前的发现

1957年2月，文化部文物局、中国历史博物馆、易县西陵保管所，对燕下都故城作了建国后的第一次考古调查。此次主要调查了燕下都的版筑城垣、土台与古河道，并发现了北门店一处东西130米、南北260米的东周文化遗迹，同时采集到了一些残陶器及铜镞。调查者认为，老姆台应为人工筑成，非自然形成。史载燕桓侯徙都之临易，或指今雄县北之废易县，与今燕下都似非一地[25]。这些意见，都很值得重视。

1958年1～5月，文化部文物局组队对易县燕下都再作勘察[26]。这次勘察的最大收获，是首次在城址的中部发现了一道纵贯南北的城墙，并据此将燕下都城址分为内、外两城（即后来所说的东、西两城），同时探明了两城的城垣走向。内城南北长约3200米，东西宽约4500米。外城东墙与内城西墙重合共用，其西墙南北长3570米。但也有两点美中不足：一是将武阳台村北东西向的隔墙当成了内城北墙，而将自隔墙至老姆台以南的内城北墙以南部分划归了外城，使外城变为曲尺形；二是未探出外城自燕子村向南至龙弯头村再折而向东接东墙的一段南墙。此外，还探查了武阳台村附近的土台和城内的冶铸作坊等文化堆积及内城内"运粮河"古河道和城内土台遗迹。获得的文化遗物有铁质的斧、锛等生产工具，半瓦当、筒瓦、板瓦、陶水管、陶井圈等建筑材料，鬲、鼎、豆、罐等陶器，刻有"左陶尹"、"左宫田左"、"陶攻昌"等陶文的陶片，豆、带钩、明刀、戈、矛、剑等青铜器。其中有的戈、矛上，还刻有"郾侯载作萃锌"、"郾王戠"等铭文。

1961年7月，河北省文化局文物工作队燕下都"四有"

规划工作组对该地区作了分地段复查。1962年底完成全面勘察，并对部分遗址和建筑基址进行了试掘[27]。这次复查，调查建筑基址（土台）十二座，勘探夯土建筑遗迹十二处、文化遗址二十七处、古河道四条、古墓葬二十九座，并纠正了1958年勘察时将武阳台北东西向隔墙视为内城北墙的作法，把内城北墙改定为老姆台以南的那道东西向城墙，同时首次把内城改称为东城，外城改称为西城。复查一方面探明，城垣除"隔墙"宽约20米外，其余均在40米左右。东城西垣及西垣外的"运粮河"把燕下都分为了东西两城。东城东垣全长3980米，西垣南北两段总长4630米，北垣全长4594米，南垣残而不全。西城南垣东行至燕子村消失，北垣全长4452米，西垣全长3717米。东城隔墙东段7号（朱家台）、10号及东垣北段10号建筑基址是当时的军事防御设施。并发现了东城东垣的Ⅱ号、北垣的Ⅲ号、隔墙中段的Ⅳ号三座城门和西城西垣中部的Ⅰ号城门。同时对西城西垣进行了解剖，弄清了城垣筑法。另一方面查明了城内宫殿区1～4号大型主体建筑和武阳台东北、东南、西南三个宫殿建筑组群。并发现了自"虚粮冢"以东向东到高陌村北、再东到郎井村南的手工业（铸铁、兵器、制陶、骨器等）作坊区和分布于东城西南、中、东和东北的二十余个居民居住区及东城西北部的"虚粮冢"、"九女台"两个墓葬区。同时探明了1号"运粮河"和2号、3号、4号"护城壕"等四条古河道（图二一）。这次复查，基本上摸清了燕下都的全面情况，并首次对遗址内各遗迹作了详密的编号，燕下都此后数十年的考古发掘，大体均依号而行。因此，这次复查在燕下都考古史上具有特殊的地位。

1964年3月，河北省文化局文物工作队发掘了东城北区

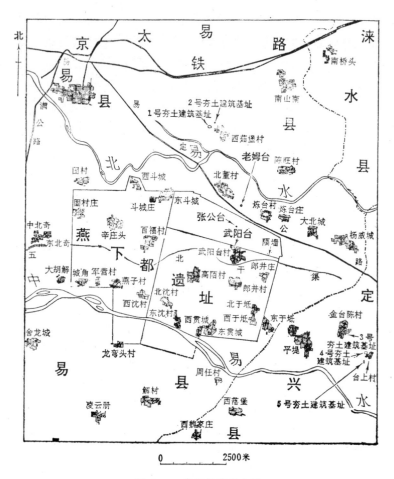

图二一　燕下都遗址全图

西部的燕下都第 22 号遗址[28]。这次发掘总面积 80 平方米，
发现水沟一段、井一口、灰坑十三个。出土骨器及加工骨料七
十件、铁器六十四件、陶器一百零八件、石器三十件、铜器十
六件、角器（料）九件、明刀币八枚和蚌镰一件。并判定这是

一处制骨器手工作坊遗址，除大批骨器（料）外，铁器也以制骨器工具为主，并有了刀、刮刀、宽刃凿、斧、锥等专用工具。同时出土大量板瓦、筒瓦，而极少有瓦当和蝉纹瓦，这表明瓦当纹饰的不同可能显示阶级地位的不同。此次发掘，对进一步了解燕下都遗址具有重要意义。

1964 年 5～6 月，燕下都东城九女台墓区的第 16 号墓完成发掘。这是燕下都中经科学发掘的第一座燕墓，也是目前发掘的战国燕墓中规模最大的一座[29]。该墓在九女台墓区北排五墓中居中，墓上夯筑封土，形似土丘，南北长 38.5 米，东西宽 32 米，高出地面约 7.6 米。地表以下夯土范围稍大于封土，并围绕封土呈不规则方形，墓室便构筑于夯土之中。墓室南北两侧，各发现一条长 10 余米、宽约 5 米、深约 5 米、类似墓道的"坑道"，与墓室合呈中字形。墓室为长方竖穴式，墓上口南北长 10.4 米，东西宽 7.7 米，深 7.6 米。墓室四壁上部均为夯土垒筑烧烤。东、西、南三壁 4.95 米以下是白灰掺蚌壳筑成的高 2.7、宽 1.2 米的二层台，北壁 3.8 米以下是夯筑烧土构成的高 3.8、宽 1.2 米的平台，用以放置陶器。平台南侧下方也是白灰掺蚌壳的二层台，高度与其他三壁持平且相连，构成一长 6.6、宽 5.25、高 2.6 米的圹室。墓室底部铺有约 0.02 米的黑炭，室内以烧土末、块充填夯实。墓室方向16 度，葬具及人骨架均腐朽不存，仅于北部出有少量头骨、肱骨碎块。该墓墓室四壁以夯土烧烤和二层台以白灰掺蚌壳夯筑的构筑方法，比较特殊少见。其目的是在当地松散易塌的沙土层中加固墓壁和构筑坚固的椁室。此墓早期已被盗扰，破坏比较严重，随葬品仅有陶器、石器、蚌器、骨器、漆皮（图二二）和墓底中、北部发现的少量铁质工具。而特别值得注意的，

图二二　燕下都遗址 M16 出土漆皮纹饰

是其中的陶器。现存的一百三十五件陶器均为泥质红陶，羼少
许细蚌壳末，制法以轮制和模制为主，火候均较高。不少同类
陶器的器形、大小均相同，部分把手、器耳、器足也是模制好
后再附加上去的。其形制、纹饰均仿铜器而作，十分精美、逼
真，为我国春秋战国大型墓葬中所仅见，颇具特色。陶器器形
可分鼎、豆、壶、盘、匜、鉴、罐、尊、盨、簠、杯、盉、编
钟等（图二三）。器表均有纹饰，可分彩绘、刻划、拍印三种。
彩绘纹以三角云纹、卷云纹、锐角云纹、斜角雷纹、鳞纹、菱
形雷纹为主，刻划纹以山形纹、飞兽纹、绚索纹、垂叶纹、交

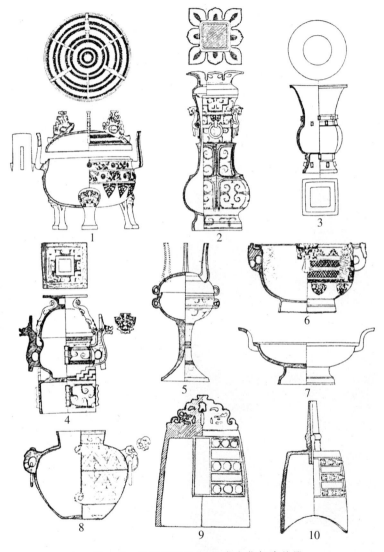

图二三　燕下都遗址 M16 出土仿铜陶礼器

1.鼎　2.壶　3.尊　4.簠　5.豆　6.鉴　7.盘　8.罐　9.镈　10.钟

叉 S 形纹居多，拍印纹以饕餮纹、雷纹、蟠螭纹、双凤垂叶纹
为主。把手与器足则有方冠兽首、长耳兽首、卧兽、羊首、象
首、鸟形、兽面衔环、莲瓣等。报告中认为，该墓陶器系仿春
秋铜器制作，在寿县春秋晚期蔡侯墓、长治分水岭战国早期墓
中曾有类似器出土，墓葬年代应定在战国早期。

1964 年 11 月 29 日，燕下都遗址内的高陌村农民掘得铜
人像一件（图二四）[30]。铜人像出于共存陶片的灰土文化层堆

图二四　燕下都遗址

采集铜人像

积中，保存完好，全身布满浅绿色薄锈，身高 25.8 厘米，左右通宽 13.05 厘米，前后通宽 11.9 厘米，重 4.9 公斤。铜人面部丰满，修目阔鼻，口角向上，颜面微扬，颧骨较高。前额上秀发向左右后方分梳，发丝清晰可辨。脑后垂有上窄下宽的头巾，两侧的带子自头顶压系于颏下，带结呈红色八字形。人身直立，两臂前伸，拱持一筒状物。身右衽尖领窄袖长袍，下垂遮足，衣纹自然生动。后领作方形，后颈及背上部均袒露，领、边、腰带均涂以朱色，腰带两端以长条圆头带钩连接。这件铜人像与相传洛阳金村所出相似。简报中初步推断，它为战国中期遗物，是国内现存唯一完整的一件，十分珍贵。

1964 年，在燕下都遗址外围的河北定兴县落宝村和易县周仁村之间，探得战国古墓四百八十余座，并在周仁村北清理了易周 M1 和易周 M2 两座小型战国墓[31]。两墓所出陶器与唐山贾各庄战国墓相似，年代属战国早期。1964 年 4 月～1965 年 4 月，在燕下都遗址内发现郎井村南 M31 和东斗城村东南 M29 两座小型战国燕墓[32]。郎井村南 M31 出有铜鼎、铜豆、铜戈、陶豆、陶尊和铁刮刀。据出土器物初步判定，年代属春秋晚期至战国早期。东斗城村东南 M29 出有鬲、鼎、豆、壶、盘、匜等成组陶器（图二五）。其中俗称"鱼骨盆"的典型战国燕国陶器——夹粗砂红陶鬲，过去于墓葬出土不多。它发现于与九女台 16 号大墓约略同时的战国早、中期之际的燕墓，为"鱼骨盆"类器年代、国别的判定提供了一定的依据。简报中还首次认定九女台 16 号墓为王陵。

1965 年，在武阳台村西发掘了燕下都第 44 号墓[33]。该墓清理前已遭严重破坏，人骨抛散满地。墓圹为一长方竖穴大土坑，发现残存无葬具的断首离肢人骨架二十二具，头向不

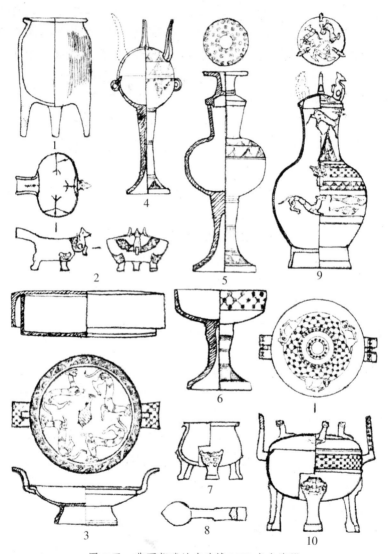

图二五　燕下都遗址东斗城 M29 出土陶器

1.鬲　2.匜　3.盘　4、5、6.豆　7、10.鼎　8.匕　9.壶

一，呈无序堆集。随葬遗物以铜、铁兵器和刀、布等货币为主。兵器多断秘残锋，横竖错叠，为死者生前所用之器。刀、布类铜币多成捆堆置于人架腰际。不少人架骨骼上贴有箭镞，说明他们应死于箭伤。铜器出有戈、剑、弩机、距末、镞、镈等三十件。铁器出有甲胄、剑、矛、戟、锄、镢等七十九件。铜器中带"二年右贯府叙御贰宿臿"铭文的铜戈，实不多见。铁器中一副尚能复原的全套铁甲胄，也弥足珍贵。十五件卜字形铁戟说明，这种形制的铁兵器并非始创于西汉。此外，冶金专家还对这些铁器作了金相考察[34]。上述一系列现象表明，这是一座殁于战事的燕军官兵丛葬坑。

1965年秋，对郎井村西南的第13号遗址进行了第一次发掘[35]。发掘面积198.76平方米，地层共分八层，时代自春秋早期至战国晚期一应俱全，内涵也较复杂。清理的遗迹有夯土一片、房址一座、灶两座、井五眼、灰坑七个、灰沟一条。出土遗物有铁质的镢、锛、锥、削，铜质的锥、带钩，陶质的鬲、甗、豆、盖豆、盆、罐、鼎、瓮、簋、纺轮，玉质的环、璧和石铲、骨笄，还有板瓦、筒瓦、半瓦当和陶井圈等建材。这次出土的建材，大体自春秋早期至战国晚期各时段的都有。简报中还就各时段半瓦当的形制、纹饰特点，作了科学归纳。

1966年，对北东村西南的燕下都第21号遗址进行了第一次发掘[36]。遗迹有灰坑二十六个、井三眼、沙沟一条、灰沟一条和灶一个。沙沟内均是细沙土，无遗物，可能与铸铁有关。出土遗物有陶质的盆、罐、豆、鉴残片，大量破碎的板瓦、筒瓦残片，铁质的锛、铲、凿、锤、矛、剑、甲片、胄片，铜质的锯、镞、圆箍、盖弓帽、筒形帽和石器、骨器。同时还出土了大量以陶、铁、石料制作的器范残片，范型有弩机悬刀、镞铤、镈、距末、盖弓帽等。经专家初步判定，这里可能是一座铸铁、铸铜兼营的作坊遗址。此外，陶器中有带"廿一年"字样的陶文，所记可能是燕昭王或王喜年号，据此推断遗址的年代大致在战国中、晚期。

1966 年 2 月，在老姆台东挖出了一件大型铜铺首[37]，为燕下都历年出土所仅见。该铺首环内径 16、外径 29、通高 62 厘米，重 21.5 公斤（图二六）。其上部为巨目宽眉、戟鼻卷齿的衔环饕餮，中上为翘尾伸颈、两爪握蛇的凤鸟，两侧盘绕的是张口怒目的双龙。环套于八棱状半椭圆衔孔中。造型生动，

图二六　燕下都遗址
　　　　出土铜铺首

制作精美，体量巨大，是难得一见的珍品。该铺首应为燕王宫殿门上的饰物。它的巨大精美，可以令人想见当年燕王宫阙的壮丽恢弘。

1965年秋～1967年秋，燕下都遗址内的村民先后在炼台庄、东于堤村北、百福村南、西沈村北、武阳台村西等五处发现了战国晚期燕国禁锢奴隶的铁颈锁和脚镣[38]。炼台庄附近的铁颈锁和脚镣出于一土坑墓中。人骨虽朽，但头足形体仍依稀可辨。颈锁出于人骨颈部，呈"廿"形，重0.7公斤。锁身由一根粗铁条锻成马蹄形，两端各有一长方孔相对，两孔间插一铁条横档，横档两端均向上下卷曲成死横档，以锁牢人颈。脚镣在人脚部，由一对铁环和五个铁链相连而成，通长73.5厘米（图二七）。其他四处颈锁和脚镣的形制及出土情形与此近同，它们都出于小土坑墓，墓内多无随葬品。

1973年4月，东城村乡民在挖沟时掘出战国铜戈一百零八件。考古工作者在铜戈出土地附近又发现灰坑一个、灶两个、居住面一片、人骨架一具和战国墓两座，并将其编为第23号遗址[39]。铜戈中完整且有铭文的共一百件，为东周燕国

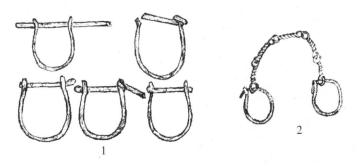

图二七　燕下都遗址出土铁颈锁和铁脚镣

1.铁颈锁　2.铁脚镣

铜兵器最重大的一次发现。其中，胡刃上有波状子刺的占绝大部分。多数戈铭作"郾王职……"字样，也有部分作"郾王喜"、"郾王戎人"、"郾王詈"字样（图二八）。Z1∶95 号戈铭作"九年将军张弖𢈋宫戈六觱"，颇不多见。这次出土的铜戈铭文自名显示：胡刃有子刺戈既有称"镂"的，也有称"锯"和"铢"的，似并非有刺的称"镂"，无刺的称"锯"。据李学勤在《战国题铭概述（上）》一文中的分析，这次铜戈铭文中出现且此前已见于著录的四个燕王"职"、"戎人"、"詈"、"喜"和这次铜戈未见但此前已见于著录的燕王"脮"，"应该就是在下都建都的五个燕王"，"詈的兵器和昭王的极似，他可能是惠王。戎人没有镂，近于王喜，他可能是孝王，而脮可能是武成王"[40]。

图二八　燕下都第 23 号
遗址出土铜戈

1977 年，在九女台 16 号墓北墓道东侧发掘了同墓的车马坑[41]。该坑规模较大，惜早年被盗。现有坑口长 14.4 米、宽 6 米、深 3 米。遗留物较少，主要是铜车马器，计有轴头饰件、车饰件、銮、铃等二十八件。此外，还出土陶尊一件和部分彩绘漆片。车马器多以金片镶嵌的图案为饰，彩绘漆片则在黑漆地上绘以朱漆三角、卷云和马、牛等动物纹样，十分精美。

(3)《燕下都》新公布的考古发现

1996 年 8 月，河北省文物研究所编著的考古发掘报告《燕下都》[42]出版。该报告几乎汇集了 1930 年至 1982 年间燕下都所有燕文化的发现、发掘成果，既有全面的展示，也有深入的研究。其叙述的详密，资料的丰富，图片的精美，均大大超越报刊的报道，切不可掉以轻心，漠然视之。特别是此前报刊未予公布而仅发表于《燕下都》的发现，则为该报告的精华，更应引起我们的高度重视。这些发现主要有：老爷庙台Ⅴ号地下夯土建筑遗迹，武阳台东建筑材料坑，老爷庙台西南 25 号建筑遗址、27 号建筑遗址，郎井村东南 11 号作坊遗址，郎井庄东 30 号作坊遗址，郎井村西北 10 号作坊遗址，东沈村东 6 号居住址，西贯城村西 7 号居住址，北沈村东 8 号居住址，西贯城村北 9 号居住址、19 号居住址，高陌村东北 2 号遗址，虚粮冢墓区及 8 号墓，辛庄头墓区及 30 号墓，燕下都东垣外 29 号作坊遗址，燕下都东城东南的防护建筑，解村附近战国墓 1 号、2 号、3 号墓及村东 5 号人头骨丛葬等。此外，《燕下都》第四章《燕下都采集的遗物》集中公布了采集的资料。特别是《东周货币》一节，将已采集到的燕国刀币（图二九）三万四千四百九十三枚及明刀石范（图三〇）若干、布币一百四十九枚、圜钱一枚、赵国刀币四百五十五枚、三晋及周

图二九　燕下都遗址
采集尖首刀

图三〇　燕下都遗址采集
明刀四刀刀范

图三一　燕下都遗址采集鸟兽阙状方形铜饰

室布币五千四百零三枚的资料悉数公布。其数量之庞大，品类之繁多，堪称列国都城发现之最。

值得一提的还有在东贯城村采集到的一件人物鸟兽阙状方形饰（图三一）。它上部作盝顶，正中前后各饰一只头向外展翅欲飞的鸟，四垂脊各饰一扬颈昂头、张口曲身、卷尾怒踞的虎形怪兽，前后坡面上饰嬉戏腾跃的双龙，左右坡面上饰相向而卧的双凤，并各饰一夔龙，夔首止于坡面下缘。顶下为四柱形阙室，正中有一束冠长袍、系带拱手的人坐于矮凳上。人前置一鼎，鼎左是一盘发插笄、右衽长衫的下跪侍，一手扶鼎，一手揭盖。其左右两侧又各有一盘发插笄、右衽长衫的下跪奏乐俑。阙室底部四面中间各伸出一矩尺状饰物，上端各栖一展翅欲飞的鸟。下部为阙室方座，阙室四面也各有人物活动场面的纹案，结构复杂，在此不予详言。其制作十分繁复精美，实为珍品。

在燕下都采集的陶器中也不乏精品，尤以七件陶壶为甚。其中的一件，1965 年采集于石庄村（图三二）。该壶敞口直颈，瘦腹圈足。腹两侧各贴一铺首衔环，颈腹上下共饰五层刻划纹，纹样间分别用凸线纹隔开。依次为双头卷云纹、鱼纹、水鸟纹、虎纹，折线纹、三角纹，竖水波纹，菱形纹、横水波纹，鱼纹、水鸟纹，非常精美。

在大量公布资料的同时，《燕下都》在第五章《结语》中，还就燕下都出土陶器的特色及其演变、燕下都的营建年代和燕下都宫殿使用的建筑材料及其装饰艺术等重大学术问题作了深入的研究，并提出了一系列独到的见解。在书后的附录中，又发表了《燕下都铁器金相考察初步报告》、《燕下都出土钱币金属成分的检测与考察》、《燕下都陶范和炉渣的检测与分析》等

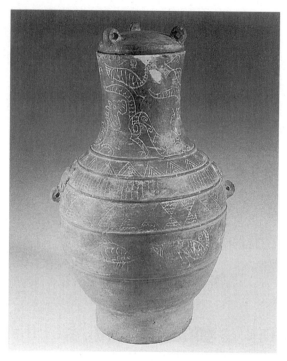

图三二　燕下都遗址采集线刻纹陶壶

三篇科学检测报告和由王素芳编辑的《燕下都文物考古文献目录（1929—1994）》。后者是目前可见同类目录中最为详备的，极具参考价值。

由于《燕下都》中新公布的考古资料量大幅长，我们只能选择虚粮冢 8 号墓、辛庄头 30 号墓、解村村东 5 号人头骨丛葬和武阳台东建筑材料坑为例，略作介绍。

虚粮冢墓区位于东城西北隅，区内有大型墓十三座。它们分为南北四排。1976 年发掘的 8 号墓居于第三排最西端，是座由南北墓道、墓坑、墓室、杂殉坑组成的中字型竖穴土坑墓，方向 360 度。从封土顶部至墓室底部深 12.7 米，封土高出地表 7.2 米。地表以下夯土范围比封土有较大扩展，东西宽 12 米、南北长 33 米的墓口便处于夯土之中。封土下 0.5 米，是厚 0.1 米的木炭层，下为厚 1.2 米的夯筑"五花土"，其下为厚 0.05 米的蚌壳夯层，再下是墓室的积炭和夯土层。墓室有二椁二棺。外椁南北长 6.3 米、东西宽 4.7 米、高 1.8 米，板厚 0.17 米。内椁南北宽 3.2 米、东西长 4.1 米、高 1.4 米，板厚 0.1 米。外棺长 2.7 米、宽 1.9 米、高 1.0 米，板厚 0.14 米。内棺长 2.34 米、宽 1.12 米、高 0.8 米，板厚 0.1 米。内、外棺内壁均施朱漆，外饰黑地朱漆卷云纹。该墓早年被盗，随葬品仅剩少量陶器残片、小件铜器、石器、蚌器、骨器等。墓道北杂殉坑、车马坑劫余的随葬品有陶器、铁器、铜器、银器、铅器、骨器、玉器、石器、蚌器等。其中一件残陶繻的颈部有阳文"王"字。铜器五百九十五件均是车马器的小附件和兵器、印玺、货币。铺首形饰仅一件，通体作展翅的蝙蝠状，两侧各镶一白玉凤饰，正面鎏金，通高 3.8 米。兵器有戈、矛、剑、弩机等。玉器有玉璧、单龙透雕饰、双龙透雕饰、双凤透雕饰（图三三）和变形凤透雕饰等。从铜戈与刀币形态分析，该墓应为战国晚期燕国贵族墓。

1977 年冬～1978 年春发掘的辛庄头 30 号墓，由南北墓道、墓坑及墓室头箱三部分组成，为中字型竖穴土坑墓。墓坑上口南北长 12 米、东西宽 9.5 米。自墓口向下设三层台阶。墓室上口长 6 米，宽 5 米，向下 4.8 米至墓底。头箱在墓室以北第三层台阶上，东西长 3.2 米，南北宽 2.6 米，深 2.2 米。该墓早年被盗，棺椁已于当时焚毁。据残迹分析，应为一椁一棺。发掘时，在西部盗洞中出土了大量成套的仿铜陶礼器，器

图三三　燕下都遗址虚粮冢 M8 出土双凤连体透雕玉饰

图三四　燕下都遗址辛庄头
M30 出土铁剑金柄

图三五　燕下都遗址辛庄头 M30
出土镶嵌绿松石金耳坠

类有鼎、簋、壶、磬、编钟等，还有盖弓帽、铺首等铜器附件及金、银、铅、玉、石、蚌等器。特别值得一提的，是该墓出土的金、银器。金器中的精品，是两把金柄铁剑。两剑均金柄（图三四）、金首、金璏，铁剑身。木质剑鞘，鞘口均镶嵌倒凹字形金箔，鞘身饰数组动物纹金箔，鞘末饰金珌。金剑首饰浮雕卷角羊首纹。两剑剑柄均长约 13 厘米，剑身均长约 59 厘米。金器另有八十二件，以动物牌饰为主，有长方形、圆形、半球形多种，动物图案有熊、羊、牛、鸟等，还有耳坠等饰品（图三五）。银器以长方形动物牌饰居多。玉器有圆形、方形璧及单龙、双龙、单雏凤、双凤连体等多种透雕饰件。该墓陶礼器为"七鼎六簋"组合，具战国晚期特征，墓主应为战国晚期燕国贵族。成套仿铜陶礼器的出土，反映了当时燕国的丧葬礼仪。所出三足壶和V式盘在中原文化中未有发现，应是当时燕器的特征。两把金柄铁剑和众多金、银动物牌饰，多呈北方草原文化风格，显示了燕与东胡、北狄等北方文化的密切联系。金饰件上錾刻的记重铭文，是研究燕国衡器制度的新资料。

1974 年，在燕下都遗址内解村村东，发现人头骨丛葬遗迹十四座。它们从村东向东一字排开，相距 60～90 米不等。每座丛葬上原均有夯筑封土，边长 20～30 米，高度 2～3 米。经发掘的仅有 5 号丛葬。该丛葬虽遭到破坏，已掘出人头骨百个以上，但发掘时又清理出人头骨一千四百四十六个，估计原有数量应在二千个左右。因填土、封土经夯打，人头骨绝大部分已破碎，完整者罕见，放置也杂乱无序。经中国社会科学院考古研究所韩康信、潘其风选取其中二百二十一个个体鉴定后发现，他们年龄在 17～50 岁之间，并以 18～35 岁的青壮年居多，而且全是男性。有的头骨上带有铜镞，有的被砍去了下颌骨或枕骨，显系被杀死的战俘。这类丛葬，反映了胜者庆贺胜利的一种心态。报告认为，人头骨丛葬的年代约在战国中期，它们可能与燕王哙时子之、太子平之乱的政治军事事件有关，具体埋葬年代应在公元前 311 年燕昭王即位的前 4 年，即公元前 315 年，齐、中山未伐燕之前。

1976 年 4 月，在武阳台东发现了一座建筑材料坑。该坑呈不规则椭圆形，宽约 1.2 米，长约 2.7 米，深约 2.8 米，埋藏的都是建筑材料残片，种类主要有板瓦、筒瓦、垂脊瓦和脊瓦等。除板瓦因残缺较甚不能复原外，其他种类的瓦经粘对后复原的共二十七件，其中有筒瓦十九件。瓦端有带纹饰的瓦当，其纹饰主要有绳纹、山形三角云纹、黼黻纹和双龙饕餮纹等。较典型的是编号为 WDK1：19 的半圆形瓦当，其前端作双龙饕餮纹。双龙角下垂，两首向外，张口露齿，曲颈扬爪，形成饕餮的额梁，龙身下垂于饕餮双目两侧，十分威猛。

3. 易县东周燕下都遗址研究

（1）大遗址与城址性质、年代研究

学术界关于燕下都大遗址与城址的讨论，主要集中在燕下都年代和燕下都与燕桓侯所徙临易及燕文公所徙易的关系这两大问题上。

关于燕营建下都的年代，主要有以下四种观点：

战国中期燕昭王始建说。此说始创于北魏郦道元。郦氏在《水经·易水注》中"昭王礼宾，广延方士……不欲令诸侯之客伺隙燕都，故修建下都，馆之南垂。言燕昭创之于前，子丹踵之于后"的记载，即为根据。当代持此说者，主要有傅振伦、河北省文化局文物工作队（李晓东）和俞伟超三家。1955 年，傅振伦刊文认定，在燕下都营建年代诸说中，当以昭王始建、太子丹续建说比较可靠[43]。1993 年，他再次撰文指出，燕下都的"创建大约在公元前 251 年之前，到了昭王为了应付南方乱国才增拓扩建"，但"武阳在修建下都以前，可能还是个重要旧邑"[44]。1965 年，李晓东在其执笔的简报中认为，燕下都始建时东城先于西城，东城的营建年代不会晚于燕昭王所在的战国中期、西城的营建下限也不会晚于战国[45]。1986 年，俞伟超刊文认为，燕下都繁荣的时间主要在燕昭王（公元前 311～前 279 年）以后，易县燕下都是战国中、晚期的燕国都城遗址[46]。

战国中期燕桓公或文公（成侯）说。此说首创于建国初年的陈梦家，继之者则有瓯燕（叶小燕）、曲英杰与许宏。1955 年，陈梦家刊文认为，燕下都的营建年代当为前四世纪之后半纪，即公元前 369～前 359 年的燕桓公时期[47]。1988 年，瓯燕刊文认为，燕下都各处发现早于战国中期燕昭王时期的陶器、瓦当和墓葬，所以燕下都大约应始建于中期伊始，即陈梦家所说的公元前 365～前 359 年在位的燕桓公，或公元前 358～前 330 年在位的燕文公时期[48]。1991 年，曲英杰在《武阳》一文中认为，燕下都先已有邑落形成，从遗址所出郾燕载戈、矛分析，该城当营建于公元前 361～前 333 年在位的燕文公（即《竹书纪年》中的燕成侯载）时期[49]。1999 年，许宏刊文认为，春秋时燕下都已有一般居址，战国早期又形成一定聚落，但直到战国中期初即公元前 360 年～前 332 年的燕文公时期才营建为都城[50]。

战国初期说。1962 年，中国历史博物馆考古组在调查报告中认为，从对城墙夯土中包含的红陶瓮残片、绳纹瓦片的考察判定，燕下都"城址建筑年代不会早于战国初期"[51]。

春秋晚期燕文公始建说。1995～1996 年，石永士两度认为，春秋早期晚段的公元前 697～前 691 年，燕桓公将都城迁往燕下都"临易"，四十年后燕襄公又迁都蓟城，春秋晚期的公元前 554 年～前 549 年，燕文公再度迁至燕下都"易"，此为燕下都建都之始[52]。

关于燕下都与临易和易都，有以下两种观点：

燕下都即临易与易都说。此说首倡于陈梦家，继之则有瓯燕与石永士。1955 年，陈梦家刊文认为，"雄县临易，易县亦临易，故所谓'临易'亦可指今易县。今雄县是否曾为燕都，尚待实物的证明"[53]。1988 年，瓯燕刊文认为，近年雄县西北出土上有"西宫"等字铜壶的形制、纹饰、铭文均显示其为战国中、晚期遗物，这与文献中徙临易的燕桓侯、燕文公年代不符，不能据此以定易京之所在，而在今易县燕下都范围内却有多处出土早于燕昭王时期的陶器、瓦当和可早至战国早期或战国中期的墓葬，因此陈梦家将燕桓公所徙临易与燕文公所徙易京断在今河北易县燕下都的看法是较为妥当的[54]。1995～1996 年，石永士两度认为，文献记载公元前 697～前 691 年春秋早期燕桓公所徙"临易"与公元前 554～前 549 年春秋晚期燕文公所徙易都，应都是迁都于现燕下都遗址的范围内[55]。

临易与易在雄县西北而非燕下都说。此说肇始于北魏郦道元与东汉宋衷。郦氏在《水经·易水注》中说："易水又东迳易县故城南，昔燕文公徙易，即此城也。"宋衷在《世本》"燕桓侯徙临易"语下注道："今河间易县是也"。东汉至北魏的"易县"只有一处，即《括地志》、清《一统志》等古籍所共同指认的今河北雄县西北的易县故城。当世持此说者，有谢锡益、李晓东和傅振伦等数家。1957 年，谢锡益刊文指出，燕桓侯所徙临易，据宋衷《世本》注，当在汉河间易县而今之河北雄县，与今燕下都所在之易县似非一地[56]。1965 年，李晓东在其执笔的简报中指出，燕桓侯和燕文公徙易，所指皆不是现今易县，而是在今雄县境内[57]。1993 年，傅振伦刊文认为，《世本》中徙临易之桓侯当是公元前 697～前 691 年之燕桓侯，所徙临易应在汉河间易县，今河北雄县、容城境内[58]。

对于上述讨论，笔者持燕昭王时下都建都说和临易与易在雄县西北而非燕下都说，并两度刊文论述相关意见[59]。现将主要观点归纳如下：

笔者认为，部分学者将燕下都城址视为历史文献记载的燕桓侯所徙"临易"及燕文公所徙"易"的看法是不可信的。1966 年和 1979 年在河北容城晾马台阳村出土的带"左征"、"西宫"、"右征尹"铭文的铜壶、壶盖[60]，1981 年在容城县晾马台南阳村发现的"燕国城"、"晾马台"两座春秋战国大型台址及四十余件有铭铜器、陶器、骨器等文物，1988 年在南阳村出土的三件燕侯载戈和两件带"易市"铭文的陶器及在雄县西北古贤村发现的大、小两座战国秦汉城址[61]，都充分证明燕桓侯所徙"临易"和燕文公所徙"易"皆应在宋衷《世本》注文中指出的燕"易"都所在的汉河间府易县即今河北雄县西北的古贤村与容城南阳一带。其中燕桓侯所徙"临易"可能在有燕侯载戈出土的容城南阳遗址附近，而燕文公所徙"易"则可能在雄县古贤村附近[62]。燕下都在战国时只称"武阳"而绝不称"临易"与"易"。该地称"易"，应始于隋代移南营州及昌黎郡于此而改名"易州"之后。即使燕下都在燕昭王之前作过燕都，它也不称"临易"或"易"，而应称"武阳"或其他名字。其始称"下都"，则应是燕昭王时的事情[63]。

此外，石永士的《燕下都、邯郸和灵寿故城比较研究》[64]
和郑绍宗的《战国时期的燕、赵、中山都城的发现与研究》[65]
两文，都是燕下都的比较研究之作，但以前者更具代表性。该
文从地理位置和自然形势、规模和形态、布局、防御措施等四
大方面，对燕下都、邯郸、灵寿故城进行了比较研究。文中认
为，这三都在地理位置上都西依太行，东临华北大平原。但燕
下都和邯郸均于原有城邑基础上扩建而成，且正处古代交通线
上，而灵寿属新建，地处交通线西侧。在规模和形态上，燕下
都分相连的东西两城；邯郸以相连的三个小城组成品字形宫
城，并与郭城大北城分开；灵寿城北依陵山，四面环水，依水
势呈不规则的椭圆形。布局上，燕下都和灵寿的东城均是宫城
中心，西城皆为郭城拱卫；邯郸宫城中的西城为宫殿区中心，
宫城东、北二小城与大北城同为郭城。在防御措施上，燕下都
在东城东北部的隔墙和东墙上分列有 7 号、9 号和 10 号三座
防御性建筑设施，以保护附近的宫殿区，又以西墙外的运粮河
和西郭城作屏障；灵寿故城则以北面的陵山与天然的四面环水
作双重防线。它们均因地制宜，采取了以宫室为中心的南北纵
轴线布局，为后世都城的规划布局奠定了基础。

（2）宫殿建筑基址研究

燕下都遗址中最引人注目的遗迹，是其东城内外数十座高
台夯土的建筑基址即宫殿建筑基址。此项研究的开山之作，是
傅振伦的《燕下都城址内外土台之考究》[66]一文。建国后，相
关简报、报告和学术论文中，对此也有很多论述。其中最具代
表性的，是石永士的《关于燕下都宫殿建筑几个问题的探索与
研究》[67]一文。该文指出，燕下都全城的规划和布局，都是围
绕武阳台大型主体宫殿建筑来设计的。在武阳台隔墙以北的中

轴线上，依次为望景台、张公台、老姆台等三座大型主体宫殿夯土台基；在武阳台西南和东南是老爷庙台、路家台两座大型主体宫殿夯土台基；在隔墙以北、武阳台东北是小平台大型主体宫殿夯土台基。此外，在张公台、老姆台、路家台、老爷庙台、小平台主体宫殿附近，都有地下夯土建筑遗迹或居址等附属建筑遗存发现。而武阳台与望景台附近则未发现上述遗存。这既突出了武阳台大型主体建筑巍然高大的中心地位，也使整个宫殿建筑组群高低错落，富于变化。可见，燕下都显然采用了以武阳台大型主体建筑为中心的南北纵轴线布局，并辅以对称的宫殿建筑组群的方法。该文还从武阳台基址底部发现的铺地砖、壁砖和顶部发现的陶水管推定，它可能是一座有二层或三层迴廊、顶部为四合院形式的宫殿建筑。此外，文中的第三至第六部分，是围绕瓦、瓦当、脊饰、吻兽、砖等建筑材料的种类、形制、纹饰图案的演变年代和题材等方面展开的。

（3）解村人头骨丛葬研究

1966～1974 年，在燕下都解村村东发现人头骨丛葬坑十四座，并抢救发掘了其中的 1 号和 5 号坑。有关报道和《燕下都》报告中根据丛葬坑封土中出土陶片及附近相关墓葬随葬器物初步判定，丛葬坑的年代属战国中期后段，并与当时燕国"搆难数月，死者数万"的燕王哙"子之之乱"有关，人头骨是死于上述事件的燕国人的遗骸。1993 年，傅振伦刊文认为，丛葬坑很可能是燕王喜时赵将廉颇大破燕下都之役中阵亡士卒之墓[68]。燕下都文管所高全福认为，除"子之之乱"这一可能性外，燕下都解村村东人头骨丛葬还可能与燕昭王二十八年（公元前 284 年）燕国大将乐毅伐齐之战事有关，人头骨是战争中缴获的齐国人首级[69]。1996 年 4 月，赵化成刊文认为，

"比较两种说法"，"后一说似较合理一些"。前一说有三大疑点有悖情理，似不可从。这三大疑点是：一、丛葬坑只埋人头骨，而燕人如掩埋死于"子之之乱"的同胞，断不至如此分尸割颅、集中埋葬。二、已掘人头骨数千例"绝大多数为青壮年男性个体，少数为进入老年阶段的男性个体"，而无女性，如为燕人死难者之墓，断不至如此。三、一般认为，"子之之乱"发生在今北京附近的上都"蓟"城（更可能应在今河北雄县、容城间的"易都"），而不是燕下都。由此推定，人头骨丛葬所埋葬的不大可能是本国人，而应是敌国人的首级。因此，认为它与乐毅伐齐之战有关则不失为一种较为合理的考虑。关于燕人将齐国人首级集中埋葬于燕下都城南解村村东的性质意义，文中引述俞伟超的论断，认为当系史书中的"京观"遗迹。所谓"京观"，古已有之。《左传·宣公十二年》载晋楚邲之战中楚获胜后，楚将潘党就曾向楚庄王建议收晋尸以为"京观"。杜预注曰："积尸封土于其上谓之京观"，其所收尸为战争中斩杀之敌人，目的是"克敌示子孙，以无忘武功"或"用彰战功"。对此，笔者认为，俞伟超的这一论断和赵化成的有关分析无疑是正确的。燕下都解村村东人头骨丛葬，的确应是燕昭王二十八年乐毅伐齐大获全胜后以齐军首级所筑以炫示燕人武功的"京观"遗迹[70]。

（二）其他东周燕文化

除易县燕下都之外，在燕上都蓟城、燕中都窦店古城、燕易都及天津、河北、辽宁、吉林、内蒙、山东、山西、江苏、陕西等地均有东周燕文化的文物发现。

1.燕上都蓟城

（1）历史文献记载中的燕上都蓟城

燕上都蓟城，见于《礼记·乐记》、《史记·周本纪》，原本为商代旧城，周初曾封予黄帝或帝尧之后。何时属姬周燕国而为上都，史无确载。1997年，笔者曾据房山琉璃河周初燕都的有关发现推测，蓟城始为燕都，大约是在西周中、晚期[71]。《韩非子·有度》称"燕襄王以河为境，以蓟为国"，是指至迟于战国中期的燕昭襄王时，燕国已将蓟城作为了国都。有些学者将上述记载中的燕襄王理解为春秋中期的燕襄公，并以此作为蓟是燕都的断代依据[72]，这是绝对错误的。对此，笔者已在《燕史纪事编年会按》[73]、《燕亳与蓟城的再探讨》[74]等处进行了充分、反复的论证，可供大家参考。《史记·乐毅列传》载"蓟丘之植，植于汶皇"，《史记·燕世家》称"燕王喜二十九年，秦拔我蓟"，均表明蓟城其时应是燕国的首都，地位当居燕下都之上。

古文献中关于蓟城方位、源起的描述，最早见于北魏郦道元的《水经·灅水注》。其书云："昔武王封尧后于蓟。今城内西北隅有蓟丘，因丘以名邑也。犹鲁之曲阜、齐之营丘矣！武王封召公之故国也"。上述记载表明，郦氏认为燕上都蓟城就是北魏时的蓟城。它的得名，应源于城内西北隅的蓟丘。这个蓟丘，学界一般认为就是今北京市西便门外西侧白云观旁的土丘。下面两项考古发现，与郦氏所说的蓟城或蓟丘有关：一是1965年北京修地铁时，在西郊八宝山发现了西晋幽州刺史王浚妻华芳墓墓志。墓志中载，华芳于永嘉元年（公元307年）"假葬于燕国蓟城西二十里"[75]。这指明，西晋时的燕国蓟城西垣当距华芳墓所在的八宝山以东二十里。二是1974年赵其昌为配合基建，对白云观以西传为蓟丘的土丘进行了发掘[76]。结果发现，该土丘下压着西晋、北魏时蓟城西北转角的残城墙，城墙下又压着三座东汉时期的砖室墓。这表明，西晋、北魏时蓟城的始建年代晚于东汉，它还不是两周时期姬燕国的上都蓟城原构。尽管如此，燕上都蓟城也应在其附近，不会相距太远。此外，还有一些与燕上都蓟城有关的考古发现，主要包括今北京城近郊区的古瓦井、瓦当、墓葬、铜器、钱币等。

（2）燕上都蓟城的考古发现

宣武门至和平门一带的古瓦井。1952 年 4 月，与燕上都蓟城有关的北京城近郊区的古瓦井，最先在陶然亭的浚湖工程中被发现。报道中将其称为"叠砌瓦圈"，并说"发现许多"。据瓦圈底部发现的绳纹陶罐及先农坛这类瓦圈与战国方足布和汉墓群共存，报道初步判定，瓦圈"可能是战国时代遗物"，但又称它们"排列相当稠密，也不像是汲井"。此外，在广安门内依归寺也有"叠砌瓦圈"发现[77]。1956 年，在永定河引水工程中，发现战国至汉代陶井一百五十一个，其中战国的三十六座，汉代的一百一十五座，分布在会城门村直到宣武门豁口一带，而以白云观以西至宣武门豁口一段最为密集[78]。1965～1970 年，在北京城西南角的陶然亭、广安门、北线阁、白云观、琉璃厂、新华街、象来街、校场口、白纸坊、西单大木仓一带发现战国秦汉古瓦井六十五座，而以自西便门东经宣武门至和平门一带最为密集，约有五十余座[79]。1963 年，北京市文物局考古队刊文指出，白云观到宣武门豁口一带陶井最为密集，其位置正好处在文献所载蓟城城垣的北部，可以作为考订蓟城位置的一些参考资料[80]。1971 年 12 月，旌文冰刊文指出，这片古陶井遗址的发现为寻觅古北京城——蓟城提供了重要线索。古代蓟城可能就在这一带。1979 年，北京市文物局考古队刊文指出，白云观以西"蓟丘"下残城墙下压着东汉时期墓葬说明，这段城墙始建年代尚晚于东汉，所以它不可能是（燕上都）蓟城的所在，看来蓟城的位置当在发现瓦井最密集的宣武门至和平门一带。从法源寺发现有战国墓群来看，蓟城南墙可能在法源寺以北，而北城墙在西长安街以南。由于漯水（今永定河）的洪水泛滥，东部被冲毁，因而在东汉以后西移。蓟城的准确位置，尚待今后的调查研究[81]。

广安门外与韩家潭的饕餮纹半瓦当。饕餮纹半瓦当也是与燕上都蓟城关系十分重大的发现。目前在北京城近郊区这样的发现已有两次。第一次是在 1957 年 5 月 28 日，北京市文化局文物调查研究组的赵正之、舒文思会同徐苹芳到广安门外作元大都踏查时，行至广安门外桥南护城河西岸，于辽金夯土高台以下 1 米的土坑内古文化层中发现饕餮纹残半瓦当一件，与它同出的还有粗细绳纹陶片、碎绳纹砖、瓦砾、陶鬲腿、陶豆把等遗物。由于饕餮纹半瓦当已被公认为是燕宫常用的瓦屋构件，因此调查者推想，瓦当的出土地点是一个很重要的古代遗址——"燕上都"和它的前身所在地[82]。第二次是在 1972 年 5 月，宣武区韩家潭图书馆在院内挖洞取土时在地下 7 米以下的古文化堆积层中发现两块保存基本完好的饕餮纹半瓦当。两面瓦当形制相同，大小相当，表面呈灰黑色，直径 15 厘米，兽面纹清晰生动。与瓦当同出的，有残燕明刀钱约十枚和一些细绳纹陶片。清理者认为，它们为寻觅燕上都蓟城的地理位置提供了新的实物资料[83]。

北京城近郊区的战国秦汉墓葬。与燕上都蓟城有关的考古发现，还有北京城近郊区的一些战国秦汉墓。1949 年，伊秉枢、安志敏在北京西郊八里庄摩诃庵内发现战国时期燕国瓮棺葬墓两处，瓮内葬儿童尸骨。瓮棺葬系的两陶瓮口对口上下套合而成，瓮为红褐陶，即所谓"鱼骨盆"。简报中认为，这种瓮棺葬为燕文化所开创，并随之向热河、辽东、朝鲜、日本传播[84]。1952年，在先农坛后发现汉墓群；在清河朱房村发现战国瓮棺葬和西汉土坑墓；在天坛公园内，发现战国瓮棺葬三处；在西北郊冷泉村发现战国墓；在西郊新市区，在永定门外东起天坛、西至先农坛后、南至永定门外三元宫、花园村一带，发现一大片汉代土坑墓区；1953年，在复兴门外白云观废垣南北发现一大片汉墓区[85]。1953年12月，在北京广安门老君地基建工地发现战国瓮棺七八个[86]。1955年，在北京西北郊中关园内发现战国秦汉瓮棺葬区一处[87]。1954年，在北京北郊清河镇东约2里的朱房村发现战国至汉代方形古城一座，周长2000米。1956年，在昌平松园村发现战国墓葬区一处，在十三陵水库淹没区、高碑店、清河、彭庄、东郊机械学校内，也均有汉墓发现[88]。1957年，北京市的考古工作者清理了北京昌平松园村的两座战国燕墓，墓葬出有陶壶（图三六）等[89]。同年，北京市文物工作队调查发现并发掘了北京昌平镇西南30公里的半截塔村战国两汉墓群，共发掘战国墓二座、西汉墓十座、东汉墓五座[90]。1960年，北京市文物工作队在怀柔城北共探出古墓七十九座，发掘五十三座。其中有东周燕国墓二十三座，出有壶（图三七）、豆等精美青铜器，西汉墓二十一座，东汉墓九座，还有一些瓮棺葬[91]。1965年以来，在瓦井密集的永定门火车站、陶然亭、天坛、蒲黄榆、宝华里、定安里一带，发现大量战国至汉代的小型墓葬。特别是1974年在白纸坊以北、地图出版社院内和1973年在法源寺

图三六 北京昌平松国村战国
燕墓出土陶壶

附近发现战国墓群两处，1977 年在西单白庙胡同路南商业部后院也发现了西汉墓[92]。1981 年 12 月，在通县中赵甫村发现战国中晚期燕国铜器墓一座，出有豆（图三八）、敦、鼎、匜、匕、勺等铜礼器约十件，戈、剑等铜兵器四件和刀削及车马器若干。其中铜礼器十分精美[93]。1982 年 3 月，在顺义县龙湾屯发现一座战国铜器墓，出土豆、鼎、簋等铜礼器各一件和戈、剑等铜兵器各一件，还有少量盖弓帽、軎等车马器[94]。此外，在怀柔公安局看守所，昌平东山口、摩峪，顺义英各庄、穆林村，平谷南独乐河烽台东大台，丰台长辛店李家峪，永定门外贾家花园、宝华里、安定里，宣武区白纸坊崇效寺、

图三七　北京怀柔城北战国
燕墓出土铜壶

崇效寺第二小学、白广路枣林街二条等十余处地点，也有战国
燕国墓地或零星墓葬发现[95]。

　　北京零星出土与拣选的东周铜器。北京一些零星出土的青
铜器和拣选出的春秋战国青铜器，也与燕上都蓟城有关。1960
年，在天坛公园内出土战国秦汉时期铜壶一对[96]。1978 年，
在丰台区出土一批战国晚期青铜器钫、鼎、敦、灯等[97]。
1958 年，海淀区出土春秋铜器吴王御士簠一件，为研究春秋
吴、燕关系提供了线索[98]。1982 年和 1987 年，北京市文物
部门从废铜中拣选出青铜器若干件，其中有部分为春秋战国燕
器，大多系北京周围的出土品。如 1982 年拣选出的鹈鹕鱼纹敦、

图三八　北京通县中赵甫村
战国燕墓出土铜豆

三环涡纹鼎、三鸟雷纹鼎、星点纹壶、山纹卷云纹壶、蟠虺纹钟、蟠螭纹鼎、兽纹豆等，均可能与燕上都蓟城有关[99]。此外，据《北京考古四十年》[100] 中《零散发现的燕文化遗物》一节介绍，在顺义蓝家营、李家桥平各庄，奉伯桥头村、南采、英各庄，平谷北独乐河，怀柔基建工程、汤河东帽湾、城关新贤街，延庆永宁、大柏老常里营、法泉堡河湾村、红旗甸六道河、四海北门外，昌平十三陵水库，海淀八里庄，永定门外琉璃井、火柴厂、定安里、陶然亭等二十多个地点，发现鼎、壶、剑、戈、环首刀等青铜器，鼎、鬲等陶器，镰、镬等铁器及玉石器小件等燕文化遗物数十件。

　　北京城近郊区出土的东周货币。与燕上都蓟城相关的，还有北京城近郊区出土的一些东周货币。1935 年，北京西郊的卢沟桥附近出土古钱三枚[101]。1952 年前后，在先农坛后一处灰坑中，发现战国方足布币与绳纹灰陶罐一同出土。1953 年 6 月，在北京西郊紫竹院发现一坑战国燕币明刀钱，计重 8 斤[102]。1957 年 3 月 12 日，位于北京朝阳门外呼家楼的北京机械学校在修建篮球场时，发现古钱币窖穴一坑。古币出土时在坑中绑扎成捆，层层叠置，井然有序，显然是当年有意埋藏的。它们包括刀、布两类。布币共出九百九十二件，可分为平首尖足与方足两种，币上铸平阳、安阳等三晋地名的，约五十个。刀币共出二千八百八十四件，可分为"甘丹"（邯郸）刀与"明"刀两种，前者较少，仅一百一十七枚[103]。1981 年，有报道称在通县金各庄又出土一批古钱币[104]。此外，据《北京考古四十年》[105] 中《燕国金属铸币的发现》一节介绍，在北京城区的海淀、丰台、崇文、西城、宣武各区及郊区的怀柔、顺义、通县、房山、平谷、密云、延庆、昌平、大兴各县，还有四十余个地点出土了数量不等的多种燕国金属铸币。

　　蓟城附近的战国古城址。1954 年，在今北京城区北面与古蓟城邻近的北郊清河镇朱房乡，发掘古城一座。城正方形，周长约 2000 米，城墙夯土中的陶片绝大多数属战国时期，极少数为汉代。简报中认为，古城的年代不会早于战国，很可能修建于汉初[106]。1960 年，考古工作者于怀柔师范学校以南发现夯土，并推测其可能是城墙基址。更有学者据附近汉墓出土"吾阳成北千"砖文推断，这里应是战国秦汉时的渔阳城故址[107]。1959 年，在北京城南大兴大小迥城村，也发现一座秦汉古城和一批相关文物[108]。

（3）燕上都蓟城研究

以上与燕上都蓟城有关的考古发现，有些在蓟城之内，有些则在其近郊、远郊或外围（如清河、昌平、顺义、怀柔、大兴、通县等地的发现）。但它们却证明了一个共同的事实：战国时期燕国的上都蓟城，位于今北京市城区西南以宣武门、和平门一带为中心的地区以内。20 世纪 50 年代，学界开始对燕上都蓟城的相关问题展开研讨，并先后发表不少论述。因篇幅有限，在此不能备举。下面仅就两个问题略加讨论。

蓟城初为燕都的年代。历史文献中对此大致有两种说法：一是以《汉书·地理志》、《水经·灄水注》为代表，认为在周初武王时。二是以唐张守节《史记正义》为代表，认为"蓟、燕二国俱武王立"，"蓟微燕盛，乃并蓟居之"。第一说，现为李学勤所采纳。他认为，"蓟和琉璃河墓地的关系，有可能与卫都朝歌同辛村墓地的关系相似"[109]。第二说，近年似已为琉璃河燕都于西周中期废弃的考古现象所证实，蓟为燕都的时间很可能就在琉璃河燕都废弃后不久。笔者即持此说[110]。还有不少学者从《韩非子·有度》"燕襄王以河为境，以蓟为国"一句中的"燕襄王"乃"燕襄公"之误的推测出发，将燕以蓟为都的时间推定在了春秋中期的燕襄公之世（公元前 657～前618 年）。有的学者甚至将上文中的"燕襄王"改成了"燕襄公"，或直接说春秋中期的燕襄王将蓟城当作了国都[111]。

笔者认为，《汉书·地理志》等古籍所持武王时燕即以蓟为都的说法，是以战国时燕以蓟为上都而逆推上去的，不足为据。而所谓春秋中期的燕襄公或燕襄王以蓟为都，则是完全建立在史燕无襄王、襄王为襄公之误的大前提之下的。然而，事实恰恰相反，史燕不但有襄王，而且这个襄王即为燕史上鼎鼎大名的燕昭王。由于其双谥为燕昭襄王，所以简称为燕襄王或燕昭王。《汉书·武五子传》中"下及昭襄"的"昭襄"和《战国纵横家书》第十九《秦客卿造谓穰侯章》中"成昭襄王之功"的"昭襄王"，说的正是《战国策·秦三·秦客卿造谓穰侯章》中"成昭王之功"的燕昭王。因此，以《韩非子·有度》为据只能证明燕始以蓟为都是在战国晚期的燕昭王时，而绝不能证明是在春秋中期的燕襄公或燕襄王时。目前，有学者以在蓟城"没有发现更早的遗物"为由，否定商与西周蓟城在今北京城区的存在，并又以今北京和平门一带发现的陶井圈上限皆为春秋时期为由，将北京城区古蓟城的始建年代推定在了春秋中期的燕庄公至燕襄公时期[113]。这种说法，也是不能成立的。首先，目前没有发现，不代表将来就不能发现。其次，和平门一带陶井圈上限只到战国，从无人言其可到春秋。

燕都蓟城的方位。对于这个问题，学界分为琉璃河古燕都与北京城区两大派。在前一大派中，王灿炽认为，蓟城先在琉璃河，后迁北京城区[114]。赵评春、孙秀仁认为，蓟城一直就在琉璃河，从未迁到过北京城区[115]。上述观点是从召公始封必在蓟而琉璃河又为召公始封之都，故琉璃河必为蓟的逻辑推导出来的。但其召公始封必在蓟的大前提是不可靠的，所以得出的结论自然也难以令人信服。而赵评春、孙秀仁在上文中称"（广安门外）出土燕都用饕餮纹瓦当之说已被社科院考古所再次考古调查所否定"，也是一个误传。社科院考古所通过调查否定的只是瓦当出土的地层，并未也不可能否定瓦当本身的年代、国属。1972 年，北京宣武区韩家潭战国地层中再次出土的两枚与之同样的饕餮纹瓦当[116]，即为最好的证明。郦注所言蓟城在古㶟水刚出西山的古梁山南，而古梁山就是今北京西近郊的石景山。古蓟城在今北京城区附近，是不容置疑的。

后一大派，人数居多，但具体又分六说。其一是战国燕都蓟城至辽南京城一贯不变说，早年以侯仁之为代表[117]。1974年，赵其昌根据在辽南京城西北角白云观以西"蓟丘"下掘出压着东汉墓的古城墙的事实，已证明了这一说的不可靠[118]。蓟城在西晋元康五年（公元295年）被古永定河山洪冲毁东墙以后已发生较大变迁，它已不再是燕上都蓟城的旧貌了[119]。其二是古瓦井密集的北京宣武门至和平门一带说，以旌文冰[120]和北京市文物局考古队[121]为代表。此说于1982年也被赵其昌以其附近有大量战国秦汉墓为由否定[122]，但1997年又被笔者以燕下都、临淄齐都等诸侯国都城中多有同期墓为由而重新肯定。同时笔者还推测，西晋元康五年蓟城的迁移，可能是按照南北垣不动，东西垣均西移约2华里的方式进行的[123]。其三至五是京西八宝山以西略北说、京西南外城以西说和后期蓟城以南说，均出自赵其昌[124]。这三说多系推测，缺乏必要的文献和考古实证依据。近年，陶宗震、关续文分别撰文[125]，也将燕上都蓟城推定在了京西八宝山以西，但同样缺乏实证依据。其六是曲英杰提出的与唐蓟城套接而略出于其西南说[126]。此说所引文献及墓志所称蓟城，实际均是西晋元康五年西移后的新蓟城，而不是西移前的燕上都古蓟城，因此略显不够切题。还有学者据平谷刘家河出土的青铜器和铁刃铜钺，将其附近推测为商代蓟城[127]。此举虽不乏新意，但证据仍显不足。曲英杰以饕餮纹瓦当为据，将商周蓟城推定在瓦当出土地点广安门外的意见，似乎更合理一些[128]。

2. 燕中都窦店古城

（1）历史文献记载中的燕中都窦店古城

燕国有中都,早已见于北宋官修地书《太平寰宇记》。该书卷六九《幽州良乡县》条说:(良乡县)在燕为中都,汉为良乡县。"明《永乐大典》存《顺天府志》卷十三《良乡县》条则云:"(良乡县)春秋、战国时,在燕为中都,西汉置良乡县。"至于文献记载的燕中都城的具体位置和考古发现及相关研究状况则是逐渐明朗而深入的。

(2)燕中都窦店古城的考古发现

1957~1958 年,冯秉其、唐云明调查了当时还属河北省房山县管辖的"芦村古城"(后来被确认为燕中都,通称作"窦店古城")。该城位于房山县城东南约 30 里,芦村东北 1 里,与良乡县境内的豆(窦)店村相连。当时查明该城为长方形土城,分内、外两城。外城东西长约 1400 米,西北宽约 800 米,西、南、北三面尚断续残存。内城只南、北两垣各存一段。城垣为夯筑。城垣残存最高处为 4.6 米,夯层厚 10~11 厘米。城内断崖上暴露大量陶片,初步判定似战国到汉代常见之物[129]。1959 年 1 月,刘之光、周桓等也对该城作了调查。这次调查比较深入,首次将该城称作"窦店土城",并引证《方舆纪要》等史地书正确地指出该城在汉为良乡县城。同时援引《太平寰宇记》"良乡原为燕中都"的记载,怀疑该城是否即因袭燕中都旧址,并点出了它与燕中都的关系。这次测得内城墙东西长约 1100 米,南北宽约 860 米;外郭城东西长约 1200 米,南北宽约 760 米。最完整处墙高 8 米,顶宽 2.5 米,底宽 17 米。城墙夯层分明。从地面采集和城墙夯土含有的陶片等遗物初步断定,城垣的建筑年代当是战国末期到西汉[130]。同期的文物调查报道中认为,该城"对于燕中都的存在提供了线索"[131]。1962 年,北京市文物工作队在房山县作考古调查时，再次勘查了"窦店土城"和黑古台遗址。在黑古台村西发现了两座夯土台，黑古台遗址围绕土台东西宽约2.5米、南北长约6公里，遗址中大量暴露有残瓦、陶器残片、兽面纹瓦当等战国燕国遗物，初步判定遗址的时代应属东周，并认为"这里是否为燕国的中都城，是一个值得注意的问题"，把搜寻燕中都的视线引向了黑古台遗址。这次对窦店土城的复查，则据在小城夯土中发现的白瓷片，将小城年代推测为最早不过辽代。但对大城，仅推测南、北两墙应各有两座城门，东、西两墙应各有一门，共六门，并未判定大城年代[132]。1979年，邹衡一方面认为房山窦店西的土城为汉良乡县城城址，而另一方面则判定与窦店土城相距5里的琉璃河董家林古燕都城址为《太平寰宇记》中的"燕中都"[133]。明《永乐大典》存《顺天府志》卷十三《良乡县》条明确指出燕中都的年代在春秋战国时期，而且与汉良乡县城旧址为一处。而邹衡却将与汉良乡县城故址相距5里的西周早中期的琉璃河董家林初燕都城推定为"燕中都"，这显然是不太确切的。1986～1990年，北京市文物研究所拒马河考古队又先后两次对该城作了调查和试掘，结果进一步认定窦店古城外围大城应兴建于战国早期，而废弃于北魏时期；外城以内小城，则应兴建于北魏时期大城废弃之后，而废弃于五代。这次调查还发现，大城的西、南、东三面城墙各有一门，与1962年的城门调查结果不同。大城外墙夯土中出土的陶片多为夹云母粉灰陶绳纹板瓦残片及夹云母粉黑皮褐陶罐和红陶釜，具有战国早期特征，因而判定大城始建于战国早期。这次对小城东北角城墙又作了核查，发现1961年测绘图的标高和地形表明，当时小城东北部已被河流侵蚀成冲沟状，根本不可能有城墙夯土存在。现于附近探得的均为晚近夯土，未见城墙夯土。今存小城城墙夯土中出土的均为唐或更早遗物，未发现辽代遗物。因此，小城的建筑年代不可能晚至辽代。试掘表明，大城废弃于北朝；而据郦道元《水经注》载，小城应是北魏的良乡县城。因知小城当始建于北魏大城废弃之后。小城夯土中最晚为唐代遗物，因知小城的废弃当是稍晚于唐的五代时期。简报中认为，就其时代、规模、夯筑方法、地理位置推测，大城都有可能是燕中都[134]。这次调查试掘细致科学，其结论应当是可信的。笔者认为，春秋晚期燕悼公为避齐祸可能从临易迁都窦店古城[135]。从窦店古城的始筑年代不断前提的迹象看，也不排除将来它有提前到春秋战国之际的可能。

（3）燕中都周围的相关考古发现

在燕中都周围，也有一些相关的考古发现，主要有遗址、城址与墓葬三部分。

燕中都附近的相关遗址。相关遗址中较大型的，目前只发现黑古台一处（图三九）。该遗址在今良乡镇南，中心是"乐毅墓"与黑古台两座大型夯土台基。"乐毅墓"在黑古台村西里余，高约10米，底部长、宽各约60米，斜坡而上，台顶长、宽各约20米。需要说明的是，"乐毅墓"只是俗称，乐毅卒葬于赵，墓不应在此，此台也未必是墓。黑古台在"乐毅墓"西南不足1里，台高约6米，长、宽各约40米。整个遗址则遍布于这二台周围南北长约6公里、东西宽约2.5公里的地域。它北至纸房村，南至小营，东至鲁村，西至富庄。在此范围内的渠道、土坑、断崖边，均有形状相同的交错细绳纹灰白色残瓦（板瓦、筒瓦、兽面纹半瓦当）和红、灰色釜、鬲、罐等陶器残片发现，风格均与燕下都出土者一致。调查者认为，

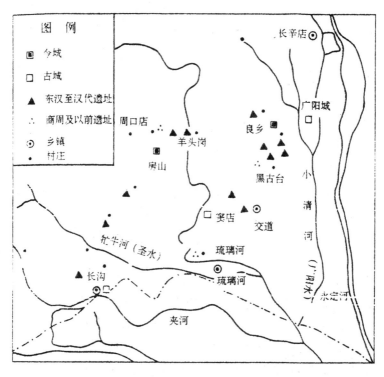

图三九　燕中都遗址附近的古城与古遗址

这里是否是燕国的中都城值得注意。但至今未在此地发现城墙[136]。中、小型遗址大多发现于北拒马河北岸由张坊向东经史各庄、南北白垡、陈家洼、塔照、北尚乐、辛庄、纸房这条东西向半月形地带上。遗址分布相当密集，大多座落在河边山前的高地上，总数有近二十个之多。它们堆积层薄，遗物特征单一，年代跨度小，均在战国时期。调查者推测，它们可能是蔡家庄古城北面倚为屏障的一系列军事屯兵点[137]。在琉璃河古燕都遗址中，也发现了少部分战国时期的遗迹。1995年，在发掘周代居址的同时，发现了战国时期的灰坑和房子各一座，出土了釜、盆、罐、豆等陶器的一些残片[138]。

燕中都附近的相关城址。这类城址目前已发现的主要有蔡庄城、广阳城、长沟城三处。蔡庄古城位于房山区蔡庄南1里的一块高敞台地上。城呈正方形，边长约300米。现东、西、南三墙尚存，北墙已于早年毁于洪水，东南、西南两城角尚保存完整，残高约3.5米，南、西两墙中部似各有一突出的城门。城墙版筑遗迹清晰，墙内混杂大量残陶片。城内采集物有一青石镰残段、兽面纹瓦当、夹砂红陶鬲足等战国燕文化风格遗物，也有汉五铢钱，其沿用年代可能从战国到汉代[139]。长沟古城位于房山旧县城西南约15公里，长沟村东半里。城方形，边长500米，居高临下。城墙仅东南角还较完整，最高处有5米。城内采集物为泥质灰陶的豆、瓮残片，夹砂红陶的釜、钵口沿残片，绳纹陶片和兽面纹半瓦当等。调查者推测，它可能是战国至汉初的西乡县城。广阳城位于房山良乡镇东9里的广阳城村。村东南尚留存一段长约40米、高约4米的残城墙。从浅露出地表的墙基看，西墙边长约500米，城略呈方形。残墙中可采集到夹蚌屑红陶、泥质绳纹灰陶和灰陶残片，年代属东周至汉代。调查者推测，它应是汉代的广阳城，即俗称的"小广阳"[140]。其上限是否可延入战国还不能确定，仅可供搜寻燕中都外围文化遗存时参考。

燕中都附近的墓葬和刀币。燕中都外围的墓葬，目前仅在琉璃河遗址内的刘李店村发掘了近六十座战国墓，但只有简略报道[141]。1991年，在房山境内出土了一批燕国刀币[142]。

3. 燕易都临易城

（1）历史文献记载中的燕易都临易城

燕国于春秋早期曾徙都于临易，此见于《史记集解》（以下简称《集解》）为《史记·燕世家》"桓侯七年卒，子庄公立"语所作的注。注云："《世本》曰：'桓侯徙临易'。宋忠曰：'今河间易县是也'。"《集解》将《世本》此语置于春秋早期（公元前697～前691年）的燕桓侯名下，表明《集解》的作者刘宋的裴骃认为，徙都临易就是燕桓侯在世时的事情。而这个临易，据汉宋衷为《世本》所作注可知，应当在汉代的河间国易县。燕都临易与汉河间易县，据清《一统志》所载，应在今河北雄县西北。燕国于战国中期又曾徙都于易。郦道元《水经·易水注》说："易水又东迳易县故城南，昔燕文公徙易，即此城也。"此燕文公处战国中期（公元前361～前333年），其父为燕桓公。因载春秋战国史事的古籍中公、侯每相混而不分，故清张澍认为，《世本》所载徙临易的桓侯不应是公元前697～前691年在位的春秋早期燕庄公之父的燕桓侯，而应是公元前373～前362年在位的战国中期的燕文公之父燕桓公，《世本》所说"桓侯徙临易"与《水经·易水注》所说"燕文公徙易"应当是一回事[143]。笔者认为，张澍的意见并不可信。《世本》所说"桓侯徙临易"，应是春秋早期在位于公元前697～前691年的燕桓侯；而《水经·易水注》所言徙易的燕文公，应是战国中期在位于公元前361～前333年的燕文公。这应当是先后不同的两件事，不能混淆。三十余年来的有关考古发现，也证实了这一点。

（2）燕易都临易城的考古发现

1966年和1979年，河北省容城县晾马台公社西北阳村社员在该村西南掘出春秋战国时期燕国铜壶、铜鼎各一件，铜壶盖二件。小铜壶盖口沿处阴刻有"左征"二字，铜壶近铺首处阴刻有"西宫"二字，壶口与盖沿均阴刻有"右征尹"字样。简报中认为，"这些文物年代属春秋战国时期。出土地点从地理位置上看，位于燕地易京一带。易京在春秋晚期叫临易，临易曾是北燕的国都。铜器上如'西宫'等铭文，对我们进一步研究燕文化，以及探讨战国时期燕国易京位置，提供了珍贵的实物资料"[144]。容城晾马台阳村位于今河北雄县城西北11公里，正是清《一统志》所说临易与易京方位。简报的见解，是很有道理的。1981年春季，河北容城县的文物考古工作者又在晾马台南阳村调查发现"燕国城"和"晾马台"两座大型春秋战国台地文化遗址，征集、清理出有铭铜器、陶器及骨器等文物四十多件。"燕国城"遗址出有带"易市"陶文的陶碗一件。1958年，这附近出土"燕王职戈"一件。1988年，又出土带"燕侯载之萃锯"铭文的铜戈三件。此外，还采集到铜凿和鬲、罐、豆等陶器与筒瓦等文物数十件。陶罐肩部还有"易市"陶文。在南阳遗址以东3公里的古易水（今大清河）西侧，还有雄县古贤村"大城"一座。古贤村原名古县村，即古"易"县，正是汉宋衷所言"燕桓侯徙临易"所在的汉河间国易县。这座古城有"大城"与小城"南城"之分。大城南北宽约1000米，东西长约1200米[145]。1976~1990年，在容城县境内，还先后出土四批六百余枚燕国货币。1976年（或1978年）春，城关乡北城村村民在取土时，于陶罐内发现燕国"折背刀"币百余枚。1985年秋，晾马台乡南阳砖厂在取土时，发现燕国"尖首刀"币百余枚。1985年11月，贾光乡东张楚村农民在取土时，发现罗列有序的燕国"弧背刀"币二百零三枚。1989年秋，张市乡罗河村民在取土时，发现燕刀币二百余枚。原简报中认为，南阳遗址出土无字"尖首刀"的年代可能为春秋时期；东张楚遗址出土"弧背刀"的年代可能为春秋战国之交；北城出土"折背刀"的年代为战国晚期[146]。

(3) 燕易都临易城研究

笔者据容城南阳、雄县古贤村的考古发现和出土遗物，将容城南阳遗址推定为春秋时燕桓侯所徙的"临易"，将雄县古贤村遗址推定为战国中期燕文公所徙的"易"。燕人可能于西周中期自琉璃河迁都蓟，春秋中期为避山戎再由蓟迁都"临易"，春秋晚期为避齐师又由临易迁都中都或蓟，战国中期由于伐齐师两次获胜而再回迁"易"[147]。容城、雄县间必为"临易"与"易"，从南阳出土的带易市"陶文的陶碗和陶罐便可以断定。"近年，有学者将《燕下都》报告释为"阳"字的陶文"𣥱"改释为"易"字。这是不正确的。此字仍应释为"阳"，而不应释"易"，也不可视作燕下都即"临易"或"易"的证据。

4. 河北、天津其他东周燕文化

(1) 河北、天津其他东周燕文化遗址

河北、天津发现的其他东周燕文化遗址，主要有河北涿县北高官庄遗址，徐水县解村遗址，唐县白沙村遗址[148]，滦县孙营村遗址，唐山东欢坨遗址[149]，怀来县焦庄、小古城遗址[150]，迁安县柏庄老窑、前窝子、小玄庄遗址[151]；天津宁河县赵学庄、田庄头、小杨庄、庄伙地遗址[152]，城顶子、八里堂遗址[153]，市郊区十八岭子、中塘[154]、巨葛庄、东城顶子、商岑子、韩家桥、八里台、南义心庄、沙井子、苗庄子、张家窝、双口、大任庄、黎园头遗址[155]，邓岑子、泥沽、白沙岭、五家洼、李家堼、韩家洼、东堤头遗址，黄骅县武帝台、苗庄子十里河、伏漪城、西道安、跃进桥遗址，宁河县张庄、桐城、张码头、躲军店、俵口、洛里佗、北大岭遗址[156]，北郊北仓遗址[157]，武清县兰城村遗址[158]，宝坻县桥头、程泗店遗址等[159]。以上数十个遗址中，绝大部分仅是作过调查，并在调查中发现了地表或断崖上的陶片等遗物。根据采集陶片的形态与唐山贾各庄、易县燕下都战国遗址或墓葬中所出风格近似，调查者作出了它们属于战国燕文化范畴的判断。同时，遗址中只有少数几个作过试掘或发掘，如涿县北高官庄遗址作过试掘，唐山东欢坨战国遗址、武清县兰城遗址和天津巨葛庄、北仓遗址作过发掘。而且北高官庄、兰城遗址仅见报道，只有巨葛庄、北仓和东欢坨遗址有简报或报告。

春秋战国，尤其战国时期，是天津地区经济文化全面发展的阶段。这一时期的墓葬和遗址遍布除塘沽、汉沽二区以外的各区县，遗址总共达百处。以南郊巨葛庄为中心，南北不到15 公里的范围内，就分布着二十四处遗址和墓葬。许多遗址出土有战国铁农具、陶网坠和纺轮，反映了这一地区经济生活的特点。不少遗址中发现筒瓦、板瓦、绳纹小平砖和双兽、单虎纹瓦当等建筑材料和燕国明刀币等。北仓遗址，其主要遗迹是一个房址和七个灰坑。房屋为半地穴式椭圆形，前门道后主室，发现四个柱洞，顶、壁据分析应为草木抹泥结构，长2.26、宽1.87 米。出土遗物有方銎铁锄、斧、镬、凿等多种类型的铁农具，形制与燕下都、兴隆等地所出燕国铁器均相同。铜器仅出土镈、剑首和铜冒各一件（图四〇）。同时出土的釜、罐、盆、豆、段等陶器，色质、形制、纹饰也都与燕下都所出燕器风格相同（图四一）[160]。巨葛庄遗址，主要遗迹是在 T4 发现的一个灰坑。出土遗物主要是陶器，也有一些铁、铜器及少量的骨器、蚌器和一些兽骨。陶器有豆、盆、甑、

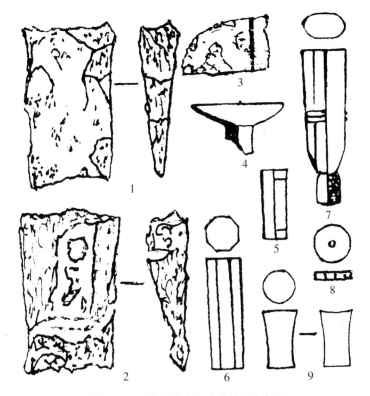

图四〇　天津北仓遗址出土铁器和铜器

1.铁斧 2.铁钁 3.铁镰 4.铜剑首 5.铜冒 6.炭精棒 7.铜镈 8.骨饰 9.象牙器

碗、罐、瓮和板瓦、筒瓦、砖等，铁器有锄、钁、凿、铲等。其风格与北京、唐山、燕下都等地所出均有相似之处，具有战国燕文化特色[161]。

建国以来，天津还发现了形成年代不同的三道海岸线，即"贝壳堤"遗迹。第一道海岸线在天津东远郊，南起岐口，北经马棚口、上沽林、板桥、泥沽、军粮城、白沙岭、宁车沽，至芦台。在这道"贝壳堤"西岸边，是一系列连成一线的唐宋

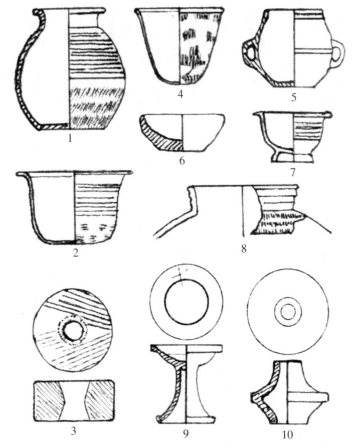

图四一 天津北仓遗址出土陶器

1、5、8.罐 2.盆 3.陶片 4.釜 6.碗 7.段 9.豆 10.轮

时期的遗址和墓葬。这表明,第一道海岸线以西至第二道海岸
线间的陆地,至少形成于唐宋以前。第二道海岸线在天津市区
与东郊之间,南起黄骅的苗庄子,北经黄骅、树园子、前宫
房、巨葛庄、小王庄、造甲城、小海北,至赵学庄。这道"贝

壳堤"西岸边，是一系列连成一线的战国遗址与墓葬。这表明，第二、三道海岸线之间的陆地至少形成于战国以前至商代。第三道海岸线在天津市区以西，南起静海四小屯，经华庄子、三义口，北至育婴堂。这一线西侧很少发现古人类活动的遗迹，仅在张家窝发现一处战国遗址。这似乎表明，在商代或更早以前，第三道海岸线西面近侧人烟稀少[162]。其中意义特别重大的是第二道海岸线，它打破了九百年前天津市区仍在海中的传统观念，结束了天津"无古可考"的历史，使天津的文明史推进到了遥远的春秋战国时期，并将东周时期燕文化的分布区和燕国疆域拓展到了今天津的渤海之滨。

（2）河北、天津其他战国燕文化城址

河北发现的其他战国燕文化城址，目前有唐县五十里屯村古城[163]，怀来县大古城村古城[164]，涿鹿县故城，潘县故城[165]。此外，崇礼县红旗营、炭窑沟、东土城古城和赤城县猫峪城古城，赤城李家火、近北庄、大海坨古城和怀来县麻峪口、东八里古城及涿鹿县龙王塘古城，桑干河洋河交汇处两古城，宣化水泉、西阳城、付家堡古城和涿鹿县朝阳寺、保岱、湘广、岔道、协阳关古城，涿鹿口前、吉庆、卧佛寺、小斜阳、佐卫古城和沽源县大宏城古城等近三十座小城，为燕国北御匈奴、西防强赵、拱卫燕上谷郡的军事城堡[166]。原简报中推定怀来大古城为秦汉上谷郡的沮阳城是正确的。但以沮阳连通造阳，将怀来大古城进一步说成是战国时燕国的上谷郡治所造阳城就值得商榷了。天津地区的战国城址，目前已发现的有静海县西钓台古城和"宝坻秦城"两座。西钓台古城东西长520米，南北宽510米。城址内出土的"陈和志左禀"陶量残片和附近大港沙井子出土的"平舒殳戈"、"平阳殳戈"等齐国遗物，表明该城先为齐东北边境的平舒城，继而于乐毅伐齐（公元前284年）后即归燕，入汉改称东平舒。公元前247年燕予赵的"平舒"，应是《汉书·地理志》所载代郡的西平舒，而非静海西钓台的东平舒。古城城东有绵延1公里余的战国墓群，城西有绵延2公里余的汉墓群。城中北部居中的居住区发现密集的战国汉代陶井[167]。"宝坻秦城"，原简报中据城墙下压有战国瓮棺葬，推定其为晚于战国的秦代城，而特称之为"秦城"。近年，据秦城遗址出土的各类建筑瓦件、各种陶器形态与河北燕下都同类器一致及城墙为不规则四边形（北墙长910、东墙长658、南墙长820、西墙长474米）、形制大小均与汉城不合等因素，改定其为战国城址，并称之始建于战国晚期，废弃于西汉早期。有专家认为，它可能即为秦右北平郡故城[168]。右北平郡始置于燕昭王时[169]，从这个意义上讲，该城也应为战国燕国故城。据报道，天津还有一座武清县兰城汉城。陈雍在《天津市考古五十年》[170]一文中提出，兰城遗址出土的各类建筑瓦件和各种陶器表现出与河北易县燕下都同类器物的相对一致性。从这个角度讲，它似乎也应是一座战国燕城。但同时又透露，1991年对兰城的钻探没有发现城墙，而掘出的各种板瓦、筒瓦和大量陶器又非一般居址所能有，故兰城遗址究竟是城址还是燕王行宫，一时还难以下结论。

此外，值得注意的还有一个碣石宫遗址。史载燕昭王所筑之碣石宫，每从河北易县燕下都武阳城或今北京市区燕上都蓟城内诸燕国宫室中求之。然从近年考古工作者自河北秦皇岛金山咀[171]、辽宁绥中石碑地发现的秦碣石宫故址看[172]，这种寻觅的眼光不免有误。燕昭王之碣石宫，也应到河北秦皇岛、辽宁绥中海滨秦碣石宫近侧求之。著名建筑考古学家杨鸿勋指出："燕国所谓碣石宫，也应和碣石有关。史籍上也有秦时碣石宫的记载，现已发现的秦碣石宫遗址适在燕地，值得注意的是：遗址出土燕瓦当残片一种，是否秦宫是在燕碣石宫旧址上建成，是一个值得考察的问题"[173]。

(3) 河北、天津其他东周燕文化墓葬

河北、天津发现的其他东周燕文化墓葬，主要有唐山贾各庄战国墓与瓮棺葬[174]，涞水县永乐村战国墓，新乐县中同村东周墓[175]，昌黎县龙家店战国墓[176]，承德市滦河镇战国墓[177]，怀来县北辛堡战国墓[178]，丰宁县凤山镇战国墓[179]，三河县大唐迥、双村战国墓[180]，围场县东台子战国墓[181]，徐水县大马各庄春秋墓[182]，张家口市下花园区战国墓[183]，怀来县洪沟梁战国墓[184]，唐县南伏城、北城子、北伏城东周墓[185]，承德县西三家村、旗杆村战国墓[186]，迁西县大黑汀两批战国墓[187]，抚宁县邴各庄战国墓[188]；天津东郊张贵庄战国墓[189]，天津南郊巨葛庄战国墓[190]，天津宝坻县歇马台东周墓[191]，蓟县西北隅战国墓[192]、辛西战国墓[193]、西北隅砖厂战国墓[194]，宝坻县牛道口东周墓[195]。以上二十余批东周墓，除个别仅调查出墓地未作发掘外，已发掘的约有近一百四十座墓葬，其中比较集中、重要而具代表性的，是唐山贾各庄、天津张贵庄、迁西大黑汀和徐水大马各庄这四批墓葬。唐山贾各庄是最先发掘出典型战国燕文化墓葬的地点。这里发掘的二十二座战国早期燕墓，为人们认识东周燕文化，特别是战国早期燕文化墓葬铜器、陶器的基本风貌，提供了第一批科学发掘的资料，并树立了战国燕文化的标准器。天津张贵庄三十三座战国早、中期燕墓，是天津地区第一次发现的战国墓，它们对了解确定天津成陆的年代和战国时燕文化的分布与燕国疆域的拓展及天津当时政治、经济状态，都极具价值。徐水大马各庄三十六座春秋墓，是第一次集中发现的数量如此之多的燕国春秋墓。由于目前同类墓极少发现，所以这批春秋燕墓尤具价值。迁西在春秋时属山戎孤竹，但大黑汀战国墓在战国早期已完全是燕文化风貌，说明这时燕已牢牢控制了该地区。宝坻歇马台和牛道口的十几座春秋战国墓，其随葬器物含中原燕文化与当地土著文化两种因素。有专家认为，这体现了燕山土著文化与燕文化的融合[196]。陈雍指出："大约春秋晚战国早的津南巨葛庄、商家岭子鬲（墓葬出）和蓟县西山北头青铜短剑，分别透露出燕文化和北方系青铜文化（山戎）在平原与山前地区活动的线索"[197]。

（4）河北、天津其他燕国货币

河北、天津除燕下都、易都外，发现燕国钱币的地点主要有滦平县某地[198]，承德县八家子南台村[199]，沧县肖家楼[200]，石家庄东郊东古城村[201]，滦平县虎什哈乡营坊村[202]，蔚县某地[203]，兴隆县陡子峪沥水沟[204]，承德柳树底罗家沟[205]，滦南县麻各庄[206]，青龙县西双山宋丈子庄（村民宋占普）[207]、宋丈子庄（村民宋荣）[208]，承德县大郭林子[209]，涞水县西武泉村[210]，玉田县旧城鼓楼南街[211]，遵化县娘娘庄上峪村[212]，围场县克勃沟二道梁[213]，灵寿县东城南村[214]，承德高寺台马营、上板城漫子沟、岔沟、双峰寺老西营、下板城大杖子罗家沟、十一道河等村[215]，文安县城东刘么遗址[216]，丰宁县某地[217]，宝坻县歇马台[218]，静海县王口[219]等处。据介绍，在河北的围场、隆化、平泉、怀来、宣化、张家口、涿鹿、崇礼、沽源、赤城、唐山、丰润、秦皇岛、滦县、抚宁、卢龙、乐亭、三河、宝兴、徐水、满

城、保定、唐县、定州、曲阳、平山、藁城、正定、邯郸等
地，均有燕国货币发现[220]。此外，在山东的临淄、招远，河
南的郑州，山西的永济、原平、阳高，陕西的长陵车站、扶风
等地，也有燕国货币发现[221]。有些地点发现数量还很大。如
承德县八家子南台村，一次发现燕国刀币约二百斤；沧县肖家
楼，除去大量残朽品后尚得较完整燕刀币一万零三百三十九
枚；兴隆沥水沟，一次出土燕刀币五千余枚，约重 80 公斤；
滦南县麻各庄，一次出土战国货币 40 余公斤；青龙县宋丈子
村民宋占普，一次掘出燕圜钱一百八十九枚；宋丈子村民宋
荣，一次掘出战国货币 30 余公斤；承德县大郭林子，一次掘
出燕刀币约 47 公斤，并整理出三千一百余枚；灵寿东城南村，
在一大陶窑内一次掘出战国钱币 676 斤，其中刀币 582 斤，大
多为燕明刀，布币 84 斤；承德双峰西营村，一次掘出燕明刀
202.5 公斤，并整理出一万一千九百三十三枚。出土的燕币，
有始铸于春秋时期的尖首刀和后来铸行的布币，有战国中晚期
的明刀及战国晚期的燕圜钱，还有邻近的赵、齐等国的刀币、
布币，各种式样，应有尽有。在承德的树底乡罗家沟，还发现
了数枚铸币的燕刀币滑石范。这些既表明了燕文化传布影响的
深远，也体现了燕国铸币业和商品经济的发达。

(5) 河北、天津其他零星燕文物

河北、天津及邻省其他地区发现的青铜器、铁器、玉器等
零星燕文物，主要有满城、唐县发现的战国青铜器[222]，唐县
出土的春秋归父敦[223]，文安县出土的郾王职戈[224]，还有
1965 年满城出土的燕侯戎人铜戈、1966 年保定出土的燕王喜
矛、1965 年任邱古州分洪道出土的莫戈、1975 年赤城县龙关
镇南瓦窑出土的右冶尹敦、1958 年新安出土的左宫马衔

等[225]。此外，1954年山东泰安东更道村出土两件战国燕国右
冶尹楚高铜缶[226]，潍坊出土燕国右府御戈[227]、昌弗戈和车
大夫长画戈（传晚清已出）[228]，临淄故城发现郾王职剑[229]和
燕国的尖首刀化[230]，昌邑发现燕明刀[231]，平度发现战国燕
明刀钱范[232]。清末，陈介祺收藏了山东出土的三件燕王职戈
和四件燕王职矛。《金文分域编》卷九也记载了1927、1928年
山东益都、临朐分别出土两件燕王职矛。李学勤认为，这些燕
国兵器皆公元前284年燕昭王伐齐时所遗[233]。1982年，江苏
盱眙南窑庄出土燕国铜壶[234]。据黄盛璋考定，《三代吉金文
存》12·24·1陈璋方壶刻铭与盱眙壶同，应是燕器；《三代吉
金文存》11·43·2重金罍，应是燕器；《西清古鉴》19·3方壶、
《商周彝器通考》918铜扁壶、《十二家吉金图录》契22鼎、
《陶斋吉金图录》5·1罍，同样有与盱眙壶相似记重文字，也
是燕器[235]。1984年，山西文水县上贤村出土带两行刻铭的战
国燕国错银铜壶[236]。1988年，山西省博物馆拣选出战国燕国
武阳铜戈[237]。1983年，陕西省洛川县出土燕王职剑[238]。近
年，陕西澄城县出土燕国"王太后右相室"铜鼎[239]。此外，
《殷周金文集成》4·2242"垣上官胸斛"鼎带"相"字器盖、
4·2106的1、2号君夫人鼎、4·2097号王后相室鼎及陕西子长
县伍家园所出王后相室鼎，据黄盛璋考定，也都是燕国铜
器[240]。近年，上海博物馆从香港征集回一件带长篇铭文的燕
王职盉，笔者在李零寓所已得见铭文照片，因尚未正式发表，
不便转引。李学勤称，曾在日本东京见到了冲绳出土的燕国明
刀钱和有邻馆的"日庚都萃车马"、"将渠"、"庚都右司肆"等
燕国古玺[241]。唐县出土的归父敦，据王恩田等考证，实系春
秋时鲁器，乃鲁之子家归父流落至燕国唐邑所遗[242]。山西文

水上贤村战国错银铜壶，据李学勤对其铭文所作考证，应为战国燕器[243]。江苏盱眙南窑庄战国圆铜壶，据吴振武考证，也应为战国燕器[244]。前些年，河北省从废铜中拣选出一些燕国铜器[245]。1953 年，河北兴隆县发现近七十件战国燕国铁器农具铸范[246]。后来，天津北仓、巨葛庄遗址灰坑中出土的铁质镢、锄、斧、铲、镰、凿等农具，与兴隆铁范所示风格均完全一致[247]。1989 年，河北省遵化县张家坎出土一对战国燕国龙形玉佩[248]。

5. 辽宁、内蒙古其他东周燕文化

战国以前，燕国的疆域状况已不可详考。入战国后，大约在燕昭王二十九年至三十二年（公元前 283～前 280 年）这四年间，燕国疆域随着秦开却胡而向北拓展了数千里。之后燕国在新地北边，自造阳至襄平修筑长城，并置上谷、渔阳、右北平、辽西、辽东五郡以拒胡[249]。需要说明的是，下文介绍的辽宁、内蒙古、吉林等省的东周燕文化，在时空上基本属于战国中期秦开却胡以后燕国新置的上谷至辽东五郡内的有关发现。这些发现，大致可分为遗址、城址、长城、墓葬、钱币和零星出土其他文物六个部分。

（1）辽宁、内蒙古等地的战国燕文化遗址

目前，辽宁、内蒙古、吉林等省发现的与战国燕文化有关的较为重要的遗址，仅有锦州大泥洼和内蒙古敖汉旗四道湾子两处。锦州大泥洼遗址发现、调查于 1952 年。它位于锦州城西 3 里小岭下，地势低洼。遗址长宽均约 250 米，堆积厚不足 3 米，上层为辽代文化层，下层为战国燕文化层。这里调查前曾掘出过百余斤燕明刀，现已散失不存。调查中在燕文化层采集到有孔残石斧、磨光有孔锤斧各一件；泥质细绳纹灰陶罐一

件，灰陶豆九件，黑陶纺轮二件，葫芦形陶器一件，陶瓮、陶盆、陶罐残片若干；铜燕明刀币二百余枚；铁锛一件，铁镰二件[250]。四道湾子遗址调查于 1987 年前后，它位于新惠城西北 30 公里的老哈河右岸第一台地上，南距燕长城 13 公里。遗址堆积厚约 1 米，均为战国文化层。地表散满陶片，并有高出地表的夯土建筑台基。遗址东西长 1000 余米，南北宽约 500米，在其西南侧多次发现战国瓮棺葬遗迹。采集、征集的文物较多，陶器有豆二件，釜、罐各一件及板瓦等残片，以泥质灰陶居多，纹饰有细绳纹、附加堆纹、三角纹、方格纹、菱形纹等。有的陶片上还有戳印文字，孙贯文将其中一片口沿里侧印的三字释为"狗泽都"。调查者正是据此将该遗址定为战国燕的"狗泽都"遗址。铁器有铲、镬各一件，铜器有镞、环各一件，印章一枚和带钩带扣一套。据原简报中介绍，1974 年在该遗址西南约 12 公里的白斯郎营子发现一座战国城址，并发掘一批战国土坑竖穴墓。在该遗址东北 8 公里也发现一处战国遗址和墓地。在老哈河右岸还调查发现康家营子乡庙下村战国遗址[251]。此外，考古工作者还在辽宁彰武东大窝堡遗址采集到部分战国时期极具燕文化特征的绳纹陶釜和高柄豆等陶器[252]，这为燕文化的北传提供了线索。

（2）辽宁、内蒙古等地的战国燕文化城址

辽宁、吉林、内蒙古发现的比较重要的燕国战国古城址有宁城黑城子花城古城，凌源安杖子古城，建平达拉甲古城，锦西邰集屯小荒地南城古城，奈曼旗沙巴营子古城、西土城子古城和梨树二龙湖古城。宁城黑城子古城经 1958 年、1976 年和1979 年三次调查，以 1979 年的第三次调查收获最大。通过这次调查，确认黑城子共有大城"外罗城"、中城"黑城"和小城"花城"三座古城。其中，小城"花城"东西宽 200 米，南北长 280 米。城内出土遗物主要为极具战国特征的羼滑石粉粒的绳纹红陶锅。小城南墙又分别为大城、中城所打破，年代应最早，当是战国燕国的一座军事城堡。大城"外罗城"周长 10 里有奇，规模较大。出土遗物十分丰富重要，时间都在战国至西汉时期，更有新莽钱范作坊遗址。大城应是秦汉右北平郡治所平刚城的所在地，旧以河北平泉县城为平刚之说应予更正[253]。凌源安杖子古城在县城西南 4 公里，位于大凌河南岸台地上，东西宽约 230 米，南北长约 328 米。其东北角另筑一南北长 128、东西宽 116 米的梯形小城。城址地表有战国和西汉时期的板瓦、筒瓦及粗绳纹灰陶盆、陶罐、陶豆的成堆残片，还有一些夏家店上层文化、红山文化的陶片等遗物。城内战国遗存，有一东西长 12.5、南北宽 4.3 米的长方形房址。该房从遗迹看，应为瓦顶、土墙、带门楼的瓦木结构。房屋系突然倒塌，房主尚被压在屋中。填土中出土了大量明刀钱、布币、燕圜钱和带字陶片及饕餮纹半瓦当，可见此处应是地方官署用房。城内战国遗物，还有铜镞十八件、各式战国钱币（含齐、赵、燕三国布币和燕明刀、燕圜钱）二百五十枚、铁锸一件、铁斧一件、铁锛十件和铁镞十八件。报告中认为，安杖子古城在夏家店上层文化时期已成为重要聚落，并在战国时期因燕国右北平郡的设置而筑城。从陶器上"石城"陶文看，古城即为右北平郡石城县治所[254]。锦西邰集屯附近共调查发现了三座古城，一座位于镇农药厂，另两座位于镇西 1 公里的小荒村西侧，西南的是小荒地南城，西北的是小荒地北城。小荒地北城，发掘者将其判定为春秋时期山戎屠何部落城址。镇农药厂古城，发掘者认为其主要使用年代应与小荒地南城相同，下限亦不晚至东汉。小荒地南城经三次发掘，其城址堆积的四期遗存中，以战国晚期至秦代的第三期遗存最为丰富，而且第三期第一段遗存压在城墙下。发掘者据此判定，南城始建年代当不早于战国晚期，而主要使用于西汉，毁弃则不晚至东汉[255]。1974 年发掘的奈曼旗沙巴营子古城，在燕国北长城以北 30 余公里的牤牛河边。城近方形，夯土版筑，边长近 340 米。城内北部居中有一高台建筑址，西南为制陶作坊，东北城垣上有两座木构望楼。出土战国秦汉瓦件、陶器、兵器、铁器、货币等两千余件，证实该城应始建于战国晚期的燕国。西土城子古城与此相距 40 余里，情况类似，可能最初都是燕辽西郡的某个县城故址[256]。梨树二龙湖古城，在吉林四平东北 50 公里的梨树县二龙湖畔。城墙以黄土夹沙石堆筑。城址近方形，边长近 190 米，南墙居中开门。出土的铁镢、铜镞、绳纹板瓦、筒瓦和陶器中的釜、甑等均呈战国燕文化风格，可证该城应为燕国古城。它为燕国的北界树立了新的坐标[257]。

（3）燕国南、北长城

历史文献记载中的燕国南、北长城。燕国有南、北两道长城，南长城以备齐、赵、中山，北长城以备胡，均见于史书。《史记·匈奴列传》称"燕亦筑长城，自造阳至襄平。置上谷、渔阳、右北平、辽西、辽东郡以拒胡"，指的是燕国北长城。它必沿燕所置拒胡五郡的北边，由上谷郡造阳城西行而至辽东郡襄平城。而《史记·朝鲜列传》则说："自始全燕时，尝略属真番、朝鲜，为置吏，筑鄣塞"。据此可知，燕国北长城还从辽东襄平南行，延伸到了朝鲜境内。《史记·朝鲜列传》又称："汉兴，为其远难守，复修辽东故塞，至浿水为界，属燕"。汉长城之所以能修到朝鲜境内的浿水（今北朝鲜清川江），都是沿袭战国时燕国北长城的旧线。《战国策·燕一》张仪说燕王曰："大王不事秦，秦下甲云中、九原，驱赵而攻燕，易水、长城非王之有也"。这里紧随"易水"之后的"长城"指的是燕国南长城。以上史书所说的燕国南、北两道长城，在考古上均有发现，而以北长城的发现更为丰富。

燕国北长城的调查与研究。刊载有关燕国北长城的调查、研究的文章，主要有盖山林、郑绍宗、布尼阿林、张汉英、项春松、李庆发、王德柱、李殿福、刘志一、瓯燕等撰写的十余篇[258]。这些调查论述涉及的范围由西向东，自内蒙古经河北至辽西而辽东，但其中的意见不尽相合。经笔者折衷取舍，大致总结出燕国北长城的基本状况如下。

首先，需要特别说明的是，西起内蒙古察右后旗洪格尔图乡，经商都城北、化德城南，入河北康保境，出内蒙古宝昌南，入河北围场北境，沿赤峰英金河北岸，经小河沿南，新惠北，出原吉林奈曼旗土城子北，再入辽宁阜新的北线长城，不是燕国北长城，而是秦长城。燕国北长城的西端起点"造阳"，似并不在内蒙古察右后旗洪格尔图乡附近。燕国北长城应当在上述北线秦长城以南 20～50 余公里处，称南线长城或"赤南长城"。它的西端，起于内蒙古察右前旗兴和城赵长城东端以东，西与赵长城相连。燕上谷郡"造阳"城，似也不在有学者推测的独石口到滦河一带[259]，而更可能在内蒙古兴和与河北张北两城之间的偏北某处。燕国北长城由这里向东北延伸，经张北城以北"二道屯"再向东北，又经河北沽源县城北向东北，至大二号、四角城及丰宁县外沟门、后窝铺梁、大营子、小卡拉一线的"二道边"，复入河北围场县境。燕国北长城在围场县境内西段的走向，目前还不是十分清楚。专家推测，其

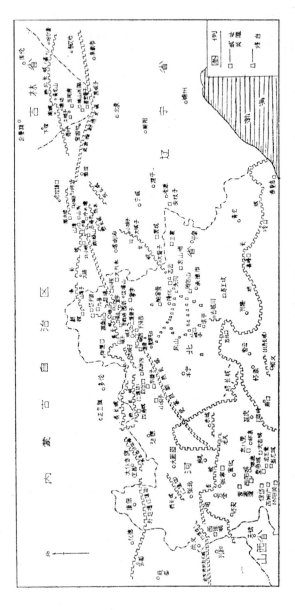

图四二 燕国北长城示意图

可能在桃山与北线秦长城相接重合，行至围场东部边墙村以西又与秦长城分为两道，并继续向东北延伸，而与内蒙古赤峰以南喀喇沁旗的姜家湾一线燕国北长城相连。再由姜家湾内东北，经娄子店、冷水塘和建平县种畜场、小王家，复入内蒙古敖汉旗新惠城以南东向，至贝子府向东北延伸，擦原吉林奈曼旗西南顶角而过，入辽宁北票县黑城子（过去，曾一度将由内蒙古敖汉旗宝国吐延入奈曼旗土城子的北线长城误认为燕国北长城。现在看来，它应当是一段秦长城），再至阜新县北部紫都台一带。由此再向东的走向，据李殿福《东北境内燕秦长城考》一文介绍，应由阜新东过彰武、法库、开原，而至新宾、宽甸，终入朝鲜（图四二），但开原至新宾间的情况，目前尚不清楚。近年，经调查确认，自辽南宽甸县城至鸭绿江畔长甸河口北山中的一道石墙，为燕至秦汉万里长城东段的一段遗迹。这条石墙东南端始于鸭绿江畔秋果壁（酉国壁）腰岭子，与新近发现的朝鲜平安北道大宁江—昌城江长城的北端东仓郡隔江相望，向南可直连燕、秦长城南端朝鲜古浿水畔。由腰岭子向西北经大西岔乡临江村时家街屯东山坡、大西岔乡白菜地村陈家沟西山坡、金家大院村的何家大院屯北山，到红石砬子乡上嵩子沟止，基本连成一线。这段长城现高约 4 米，沿山脊用乱磴石单面筑成，俗称鸡冠砬子。它处明李成梁展拓六甸的东北方向的外侧，为燕国北长城在我国境内最南端的遗存，可初步定其年代为燕至秦汉时期。它的发现，为燕、秦长城确曾深入朝鲜境内而达古浿水河畔提供了线索。

燕国北长城有石筑、土筑两种，而以土筑居多。一般遇山以石垒，过平原以土筑，逢山险则挖成沟堑，以夯土垣相连。沿线每隔约 5 里筑一座边长 30～40 米的障城。跨越大河时，多于两岸筑大城为要塞。燕长城沿线居址很多,北线长城的采集品多为战国与秦代文物,而以秦代为主。如秦文化特征明显的绳纹间以抹沟的薄胎瓦片,大銎窄刃铁镢,釜、甑等陶器,秦诏版铁权与陶量等。南线长城的出土物多为战国燕文化风格,而不见秦代遗物。如燕式饕餮纹、山形纹、兽面纹半瓦当和铁等生产工具及陶器的形制、纹饰等多与燕下都所出一致,并大量伴出燕国明刀钱等。因此,笔者认为,专家们认定北线为秦长城、南线为燕国北长城的意见,还是正确可信的。

燕国南长城的调查与研究。有关燕国南长城的调查、研究论述,比北长城的要少得多,其中重要的有敖承隆和徐浩生撰写的三篇[260]。燕国南长城较早发现的,是河北徐水解村以北瀑河上游东岸的一条南北向夯筑土城垣遗迹。它南起石龙山,北至黄山,沿河岸绵延约 10 公里。城垣夯层明显,内含东周夹砂绳纹陶片和泥质灰陶圈足豆。据此,原简报中推测其始建年代应在战国末年,并认为从地理位置上分析,它应是燕国南长城遗存。据徐浩生《燕国南长城调查报告》一文介绍,通过1983 年的调查已弄清,燕国南长城西起今河北易县西境仁义庄西科罗头的第二个山峰上,向东至易县东境曲城村入徐水县太和庄,经徐水解村至徐水县城关,再往东经商平庄至容城县黑龙口村,东往涞城村南,至安新县西关,循白洋淀北堤东行,入雄县后沿大清河东行,出雄县东南行入文安、大城两县,其后遗迹走向不明。这次调查,从城墙夯土中采集到春秋晚期与战国早期的陶片。据此,原调查报告中将燕国南长城的始建年代上限定在了燕易王称王前后,即公元前 332～前 311年之间。从《战国策·燕一》张仪说燕王时已提及燕国南长城看,其建成应至迟不晚于张仪从政时期。张仪从政于秦惠文王前元十年至秦武王二年（公元前 328～前 310 年），正当燕易王五年至燕昭王二年。秦武王初即位便逐弃张仪，故张仪所说的不可能是其时的燕昭王。王哙时燕国内乱，应无更多精力去修筑南长城。因此，燕国南长城最大可能应始建于燕易王至燕文公时期。

（4）辽宁、内蒙古等地的战国燕文化墓葬

辽宁、内蒙古发现的秦开却胡后的燕文化墓葬主要有沈阳南市区战国墓[261]，锦西邰集屯徐家沟战国墓[262]，辽阳新城战国墓[263]，凌源五道河子战国墓[264]，朝阳袁台子战国墓[265]，赤峰箭亭子战国墓[266]、红山区战国墓[267] 等七处。其中，锦西邰集屯徐家沟墓地在渤海西岸，凌源五道河子、朝阳袁台子和赤峰箭亭子、红山区四处墓地在辽西高地，沈阳南市区、辽阳新城两处墓地在辽北平原。分布地点虽不多，却也基本覆盖了秦开却胡后的燕国新疆土。该地区文化面貌总体上呈中原燕文化与当地胡人土著文化共存的局面。锦西邰集屯徐家沟墓地仅存的一墓中，出土的陶器、铜镜、银印，均为中原风格，但夔龙回纹青铜矛却形态奇异，呈北方戎狄部族文化特色。凌源五道河子十一座战国墓中，早期数座为战国早中期秦开却胡前的胡人墓（如 M8 等），晚期为战国晚期秦开却胡后的胡人墓（如 M1）。以桦树皮铺墓底和出土的铜节约、铜垂坠、铜动物牌饰等，均呈北方戎狄部族特色，但各墓均不出北方直刃或曲刃的青铜短剑，却出中原风格的刀、剑、戈等铜兵器。1979 年，在朝阳袁台子发掘的一百多座战国墓中，有二十多座是具有浓厚燕文化特征的秦开却胡后的燕人墓，另有五十多座墓的形制虽与燕人墓相同，但陶器的形制、组合却与之不同，其他随葬品如狗头骨、铜泡、曲刃短剑等却均具东胡风格，时代又与燕人墓大致相同，应是秦开却胡后仍留存原地生息的胡人墓。燕、胡两种不同类型的墓葬共存于同一墓地，反映了当时燕辖辽西郡内燕、胡两种文化相互融合的历史。1983年，辽阳新城村发掘的两座战国晚期木椁墓，是典型的燕文化墓葬。两墓东西并列，其圹穴棺椁制度完全相同。M2前箱、棺内出有陶壶、罐，青铜鼎、鉴、钵、盆、锅、灯、镜，木质车、俑、瑟、鼓及漆盒、耳杯、房柄等极具燕文化风格的遗物七十余件。M1的随葬品虽较M2有所减少，但其时代、风格与后者相同，两墓应为夫妻合葬墓。笔者推测，其男性墓主应是燕国派驻于辽东郡襄平城的官僚贵胄。近年，有学者撰文认为，喀左大城子眉眼沟战国墓，是秦开却胡后的墓葬[268]。但原简报中经比较认为，眉眼沟M1的年代应属战国前期，两座瓮棺与M1同期，至迟也不晚于战国中期[269]。对此，笔者倾向于原简报中的意见，暂定它们为战国中期秦开却胡前的墓葬。然而，M1所出陶器均属中原燕文化风格。那么，在秦开却胡前的胡人腹地能有这样的墓地将会意味着什么？秦开却胡前燕、胡两种势力在此地究竟处于怎样一种形态？这些问题都很值得深思。

（5）辽宁、内蒙古等地的燕国货币

战国时期的燕国钱币，在秦开却胡后的燕国新土——今辽宁、内蒙古等地也有大量发现。按资料公布的先后大致有20世纪30年代辽南熊岳出土的古币[270]，锦州大泥洼遗址出土的燕明刀[271]，朝阳七道岭出土的战国货币[272]，凌源修杖子出土的燕国尖首刀化[273]，本溪大浓湖发现的战国布币[274]，辽阳出土的战国货币[275]，义县复兴堡出土的战国刀币[276]，宽甸发现的燕国明刀钱[277]，义县出土的战国货币[278]，抚顺巴沟出土的燕国刀币[279]，辽河下游出土的刀币[280]，瓦房店凤鸣岛出土的战国货币[281]，锦西邵集屯发现的战国刀币[282]，大连三涧镇等三处发现的窖藏战国货币[283]，铁岭邱家台发现的窖藏战国钱币[284]，绥中大官帽村发现的窖藏燕圜钱[285]，凌源发现的燕国明刀钱[286]，庄河桂云花村等四处发现的战国货币[287]，凌源刘杖子乡发现的窖藏战国货币[288]，凌源安杖子古城出土的战国钱币[289]；内蒙古凉成县出土的战国钱币[290]，敖汉旗老虎山遗址出土的燕国刀币[291]，赤峰地区新窝铺村、磨菇山等处出土的战国货币[292]，喀喇沁旗发现的战国钱币铅母范[293]，包头出土的燕国明刀[294]，呼和浩特白塔村出土的古钱币[295]；吉林辑安历年出土的古代钱币[296]等二十七起。此外，据佟柱臣介绍[297]，在辽宁的鞍山、辽中、营口、金县、旅顺、沈阳等地，也有燕币发现。另据王毓诠介绍[298]，燕国货币在朝鲜北部、南部以及日本还有出土，与河北、天津等地出土燕国钱币的情况相似。以上不少地点出土的数量很大：如1951年，锦州一次掘出燕国刀币百余斤；凌源修杖子一次出土燕国早期尖首刀化14.3公斤，共九百四十三枚；抚顺巴沟一次出土燕国明刀币50余斤，除残去损后尚有完整刀币一千三百余枚；锦西邵集屯一次出土的燕国明刀13.5公斤，完整者计六百九十枚；新金北岚村一次出土战国布币48斤（含大量燕币）；铁岭邱家台虽未报重量，但从数量看也很惊人，清除锈土残损后，尚得完整战国秦代铜币一万五千五百八十二枚，仅燕国"一化"圜钱就多达一万二千七百零六枚；1974年，敖汉旗老虎山一次出土燕国刀币50多斤，还有大量铁器等。各地出土的货币中，虽有赵、齐等邻国铸行的各种布币、刀币，但更多是燕币。燕币中则既有春秋战国之际铸行的尖首刀，也有战国中、晚期铸行的各地布币（如襄平、句阳、平阴等）和各种背文的明刀，还有战国晚期铸行的"一化"圜钱。上述出土地点不仅包括辽宁省绝大多数市县，而且还远及内蒙古的赤峰、敖汉旗、喀喇沁旗、凉城和吉林的辑安等地。这些既表明了燕文化传布的辽远和燕疆的广袤，也体现了燕国铸币业和商品经济的发达。

（6）辽宁、内蒙古等地的零散战国燕文物

辽宁、内蒙古、吉林出土的秦开却胡后的燕文化零散铜器较少，主要有辽宁昌图翟家村和内蒙古林西大水波罗两处出土的青铜兵器。昌图翟家村窖藏出土中原燕式铜剑三柄、北方东胡式曲刃剑一柄[299]。林西大小波罗出土中原燕式胡刃折曲如锯的青铜戈一柄[300]。此外，值得一提的是，在辽宁、内蒙古、吉林出土较多中原秦、赵、魏等国铸造的青铜兵器。主要有据日人原田氏称旧出于朝鲜平壤附近古乐浪遗址的秦昭王二十五年（公元前282年）上郡守厝戈（《周汉遗宝》55·1），辽宁新金县后元台出土的魏二十一年启封戈及铜矛、铜剑[301]，吉林集安县高台子出土的赵阳安君剑[302]，辽宁抚顺李石寨出土的秦始皇三年（公元前244年）相邦吕不韦矛及铜戈[303]，辽宁宽甸小挂房出土的秦二世元年（公元前209年）丞相斯戈[304]，辽宁辽阳出土的秦昭王四十年（公元前262年）上郡守起戈[305]，吉林长白县葫芦套出土的赵二十年（公元前279年）丞相蔺相如戈[306]等。这些兵器，大部分是燕王喜三十三年（公元前222年）秦将王贲率师伐燕时秦军之所遗，只有极少部分为秦灭燕后秦戍守辽东军卒所留，而秦军所到之处，恰为秦开却胡后燕国旧疆所至之地。燕国之北疆，由此亦可见一斑。而朝鲜平壤附近旧出之秦昭王二十五年上郡守厝戈，正是当年燕界和北长城东端终点曾至朝鲜及古浿水的明证。

（三）东周燕文化综合与专题研究

1. 东周燕文化综合研究

这方面的论述中，比较重要的有石永士、王素芳的《燕文化简论》[307] 和陈光的《东周燕文化分期论》[308]。

石永士、王素芳的《燕文化简论》看似通论燕文化，实以东周燕文化及易县燕下都的考古发现为主。该文覆盖了东周燕文化的都城、长城、宫殿建筑、墓葬形制及遗址、墓葬出土的器物（如青铜礼器、陶器、饰件、瓦当、货币）等诸多方面，是迄今为止论及东周燕文化涵盖面最广的一篇论文。文中都城、宫殿部分归纳出了燕下都城市的总体布局和宫殿区的整体规划，长城部分概述了燕国南、北长城的基本状况，墓葬形制部分指出了车马坑都置于北墓道右侧为燕国大型墓葬的特点。同时该文认为，燕国大型墓随葬品（主要指陶器、铜器）礼器组合大都采用中原式，但形制却明显具有燕文化特点。陶器中的筒形鬲（燕式鬲）和夹砂红陶甗是东周燕文化的典型器物，而以各种山形饕餮纹为主要纹饰的半瓦当也是东周燕文化独具特色的建筑材料。由燕国首先铸行的刀币影响了齐、赵、中山与魏国。反之，燕国也受到三晋与秦的影响，铸行过布币、圜钱及面文独特的"右OD新冶"布。

陈光的《东周燕文化分期论》，集中分析了东周燕国遗址、墓葬出土的陶容器和青铜礼器。该文第一次从遗址中存在地层叠压关系的生活用器入手，引入无打破关系的墓葬资料及零星遗址遗物，找出了十二组叠压打破关系，进而将东周燕国陶礼器墓和铜礼器作了分组和分期的排列归纳。同时对东周燕文化的涵义作了推论，初步论定东周燕文化的典型器物群应形成于春秋中期，流行时间最晚可至战国末年，并认为东周燕文化具有保守趋向。此外还以燕文化的分布范围为参照，推测了东周燕国的疆域变化和秦开却胡千里的确切区域。无论在研究方法还是占有资料上，该文都是东周燕文化研究的一篇前沿力作。当然它的每个具体结论，今后还可以继续探讨。如该文认为医无闾山以东地域未见东周燕文化典型遗物，因而燕人在燕王喜三十三年（公元前 222 年）以前尚未真正进入辽东的观点，就不免值得商榷。近年，辽阳新城发掘的两座战国晚期夫妻合葬土坑木椁墓[309]，就是医无闾山以东的东周燕文化典型遗物。它表明，燕人在燕王喜三十三年退保辽东前已经进入辽东。随着时间的推移，类似发现今后还会增加。燕人进入辽东的时间与规模，似乎应比文中估计的要略早和微大一些。

2. 东周燕文化陶器分期研究

关于东周燕文化陶器分期研究的文章中，较为重要的有贺勇的《试论燕国墓葬陶器分期》[310]、石永士的《燕下都出土陶器的特色及其演变》[311]和陈光的《东周燕文化分期论》[312]。

贺勇的《试论燕国墓葬陶器分期》一文，虽仅就唐山贾各庄、怀柔城北、昌平松园、天津张贵庄、承德滦河镇、易县燕下都等六处的十五座陶礼器墓资料作了分析，时间跨度也仅限于战国，但其仍是东周燕文化陶器分期研究的开山之作。该文对许多墓葬年代的估定，都突破旧说且大体可信。它以鼎、壶、匜为例，归纳出了这些典型陶器的演进规律。并从圹穴形态、器类组合两方面说明，战国燕墓内涵渊源于中原，但同一形色在延续时间上又要长于、晚于中原。这已先期点明了其

"保守趋向"。

石永士在《燕下都》报告的《燕下都出土陶器的特色及其演变》一文中，归纳了燕下都各遗址出土主要陶器鬲、甗、豆、簋、盂、罐、瓮、尊、盆的特色和演变趋势。其大致情况是：春秋早期至战国晚期，夹砂灰陶逐渐从为主到居次再相应减少；泥质灰陶则慢慢从居次到为主；夹砂红陶长期占一定比例，战国晚期有所减少；泥质红陶也渐次减少。春秋初至战国初，绳纹多较粗；战国中晚期绳纹分为粗、细两种，大型器腹、颈各饰附加堆纹；朱绘纹出现于战国早期，风行于战国中期，衰落于战国晚期。鼓腹、突肩、圜底、手制粘接三足的燕式鬲，出现于春秋初或略早，战国早中期肩突消失，晚期腹外张、改抹三平底。甗于春秋早期仍存退化的三足痕，战国时演进成凹线纹、折沿、直颈、弧腹、圜底。其他器类也各有演化，可参看原报告相关内容。

陈光的《东周燕文化分期论》一文，依据燕下都 13 号遗址等七组具打破关系的遗存，将东周燕文化遗址和墓葬陶器分成了先后相次的十二组，并认为第一至四组燕式鬲、釜都已脱离鬲的形体，釜绳纹与鬲完全相同，尊皆折上腹或肩，应同属春秋时期。其中第一组为春秋早期，第二组为春秋中期，第三组为春秋晚期早段，第四组为春秋晚期晚段。第五组为过渡段。第六至十一组燕式鬲、釜皆筒腹、直绳纹，罐均为瘦腹，应同属战国时期。其中第六组为战国早期，第七、八组分列战国中期的早、晚段，第九组列战国晚期早段，第十、十一组列战国晚期晚段，第十二组为末梢，列秦代，为燕遗民遗存。

3. 东周燕文化铜器研究

（1）铜器分期研究

赵化成的《东周燕代青铜容器的初步分析》[313]一文，从形态学研究出发，将风格比较接近的燕国与代国铜器放在了一起进行分析，并称之为"燕代式"。燕国青铜器主要采用的是唐山贾各庄、易县燕下都、怀柔县城北、顺义县龙湾屯、通县中赵甫、三河县大唐迴和双村燕墓的资料。该文在对上述各墓青铜器中的典型器鼎、豆、簋、盘、匜、壶、敦的形制、纹饰和墓葬器物组合进行认真分析后，排出了燕墓青铜容器的时代序列，并分成了先后相次的三组：第一组为贾各庄 M18、M28、M5 器，年代估定为春秋晚期；第二组为中赵甫、龙湾屯、双村 M1、怀柔城北诸墓器，年代估定为春秋战国之际；第三组为燕下都 M31、大唐迴 M1 器，年代估定为战国早期偏晚或中期偏早。同时，该文认为，东周燕代青铜容器从器类组合上与中原诸国基本一致，同为鼎、豆、簋、壶、盘、匜。但器形方面的特点十分突出，如燕器中内翻附耳扁足鼎、环耳高足鼎、扁圆腹高足豆、球形腹高足豆、环耳圈足簋等，均造形别致，自成体系。燕器中特别流行的动物图象装饰，显然是受到了北方草原鄂尔多斯青铜牌饰艺术风格的影响。

杜迺松《论东周燕国青铜器》和《东周时代齐、鲁、燕、中山国青铜器研究》[314]两文的《燕国青铜器》部分内容基本相同。文中以为，燕墓铜器基本是重食的组合，属东周铜器中的精细型。其自春秋至战国的组合演进是从鼎、豆、壶到鼎、豆、敦（或敦）。三直立高足外侈耳鼎、扁圆腹长柄豆、长圆形敦、凤首高足匜等，是具有燕国国别特征的青铜器。其纹饰上以龙和梅花钉为内容则是燕器的创造，而络绳纹、红铜镶嵌的狩猎纹和兽纹的发达也是燕器纹饰的特色。

陈光的《东周燕文化分期论》[315]一文，对东周燕国青铜容器也作了分组和分期研究。该文以铜豆抓手的形制为主要依据，并参照陶器的分组，将东周燕国铜礼器墓排列成了五组，分别相当于陶器的第一、二、三、四和第八组。其中第二、三、四组铜豆的抓手均作喇叭形，第八组铜豆的抓手作三柱状高纽。这五组铜器墓的绝对年代比照陶器各组分别为：第一组，唐县南伏城窖藏，春秋早期；第二组，燕下都 M31、怀来甘子堡墓 M7、延庆玉皇庙 M2，春秋中期；第三组，三河双村 M1、顺义龙湾屯墓、贾各庄 M28，春秋晚期早段；第四组，贾各庄 M18、M5，春秋晚期晚段；第八组，怀柔城北墓、通县中赵甫墓，战国中期晚段。

李先登在《燕国青铜器的初步研究》[316]一文的后半部分，对东周燕国青铜器进行了研究。该文认为，东周燕国青铜礼器与中原地区在器类、组合、造型、纹饰上均有很大的一致性，但由于僻处北方，远离宗周，因而有如下三个显著的特点：一、保存西周以来中原礼器传统的特点较多，时间拉得也较长，具有守旧风格。表现在铜器纹饰上，为兽面纹的大量、长期使用和饕餮纹半瓦当的盛行。二、在器形上流行与众不同的深腹三高足、微凸平盖鼎及平面呈椭圆形的圆环附耳鼎和双环耳圈足簋等。三、在纹饰上流行狩猎纹，这可能与受到较多北方草原文化影响有关。

（2）铜器铭文研究

礼器铭文研究。这方面的研究，较早可追溯到 20 世纪 30 年代郭沫若对燕侯载簋铭文的考释[317]。当代，则是以 1982 年对盱眙南窑庄出土的燕铜壶铭文的考释为发端的。

由于诸多原因，盱眙壶起初曾被姚迁、吴蒙误断为楚器[318]。1983 年 9 月，吴振武较早将与壶铭第七字"𢆶"相同的古玺文字释作"受"字[319]。约略同时，朱德熙也将该字释作了"受"字[320]。稍后，吴振武又依据壶铭"受"字之"又"符书作"𠂤"为燕系文字特色及据黄盛璋考定铭中记容单位"壹（斛）"为燕国独有量制，判定该壶为燕器[321]。上述判断证据确凿，可谓定论。对此，李家浩的《盱眙铜壶刍议》[322]、黄盛璋的《盱眙新出铜器、金器及相关问题考》[323]两文，也持相近的意见。1986 年，铜壶除锈后，陈璋加刻铭文面世[324]。不久，周晓陆即刊文，对加刻壶铭作了精详的考释[325]，并指出该壶是齐将陈璋伐燕时掳获的燕器。1989 年，李学勤、祝敏申刊文，将壶铭中的"隹王五年"考定为齐宣王五年（公元前 315 年），这为历经了八年的盱眙壶铭考释划上了圆满的句号[326]。

1981 年，黄盛璋刊文，论定"丙辰方壶"（《西清古鉴》19·3）、"襄安君钿"（《尊古斋吉金图录》2·39）、"王后左相室鼎"（《十二家吉金图录》契 22～23）为燕器，并指出壶铭"恭"书作"恭"、"乘"书作"乘"为典型燕国风格，"壹（斛）"为燕国特有量制[327]。1983 年，他再度刊文，论定"百册八重金锌"（《陶斋吉金图录》5·1）、"武平君钟"（《捃古录金文》二之二·12）为燕器[328]。1989 年，他又考定"君夫人鼎"（《殷周金文集成》4·2106〈1、2〉）、相鼎盖（《殷周金文集成》4·2242）、"王后相室鼎"（《殷周金文集成》4·2097）等为燕器[329]。此外，他还总结了战国燕器铭文的三条特征：一、量制文字用"壹"、"纻"。二、表容用"𠂤"（受）字。三、用数字纪年而又纪月[330]。1984 年，李学勤刊文，据铭中表容用"受"字、容量单位用"壹"字，判定山西文水上贤村出土错银铜壶为燕器，并释铭中"札"为"捷"、"涅"为滑利、"札涅"用以形容铜壶使用便利[331]。1994 年，张懋镕、王勇刊文，据陕西澄城县出土的"王太后右和室鼎"的铭文"和"书作"㭎"、"室"书作"㚖"与燕玺相近而将其定作燕器[332]。1999 年，冯胜君将历年专家考定出的十八件燕国青铜礼器的铭文作了汇释。它们是：郾侯载簋、郾侯载豆、西宫壶、左㠱壶盖、右㠱䀒敦、楚高罍、安阳鼎、王后左桓室鼎、王后□桓室鼎、王太后右桓室鼎、武坪君钟、襄安君钲、郭大夫甗和永用休涅壶等[333]。此外，被考定可能为燕器的，还有一件四年昌国庖鼎。鼎铭中的昌国君，当为燕国名将乐毅之子，袭封昌国君乐闲[334]。2000 年，《上海博物馆集刊》第 8 期发表了该馆从香港古玩市上新购得的燕王职盉资料[335]。这是一件燕国名王燕昭王所作的王器，是近年东周燕器最为重要的一次发现。2002 年，黄锡全刊文，对该器铭作了更为精详的考释[336]。

兵器铭文研究。对战国燕国兵器铭文的研究，首见于 20世纪 50 年代末李学勤的《战国题铭概述（上）》[337]。该文指出，燕兵器铭文有些附记工尹和工，铭中"行议"为用器人职名，"王萃"、"力萃"、"百执御"等为燕王侍卫徒御。燕兵器名称自成一体，胡有刺的戈称镂，无刺的称锯，小矛称钘，大矛称刘，剑形矛称利，剑称锗铤或钛。铭中燕王有职、䎉、脿、戎人、喜五位，职是昭王，山东益都、临朐所出王职铜兵是昭王伐齐时所遗；䎉器极似昭王器，可能是惠王；戎人没有戳，近于王喜，可能是孝王；而脿可能是武成王。

1973 年，张震泽刊文，对 1967 年辽宁北票发现的"燕王职戈"铭文作了考解，认为铭中"燕王职"应是《燕世家》中燕昭王太子平前二年为燕王的公子职，燕世系应在燕昭王前增燕王职一代。但同时又认为,"燕王职"也可能是燕昭王。此外还认为,戈的出土为辽宁绝大部分地区属于燕国疆域增添了新资料[338]。1982 年,李学勤、郑绍宗刊文,对燕王职戈(容城出)、燕侯戎人戈(满城出)、莫戈(任邱出)、右冶尹敦(龙关镇出)、左宫马衔(安新出)、燕王詈矛、燕王喜剑、左行议率戈、十三年乘马大夫戈、二年右贯府戈、右府尹象尊(以上六件燕下都出)等十二件燕国兵器铭文作了考释,认为兵器铭中燕王戎人、詈、朕对应于何王还有待研究,表现出较为审慎的态度[339]。

　　1985 年,石永士刊文,将燕王戈分为五式、铭文文例分为九种,并据实物对燕王戈"胡有刺的称镂,无刺的称锯"的观点提出了异议[340]。该文指出,称镂、锯、铈的燕戈其实均有刺。因此,其定名的标准不是是否有刺,而是使用者官职高低和职掌范围的不同。基本情况是:官职在"行议"以上的,所用戈称"镂";在"行议"以下的,所用戈称"铈";侍卫徒御,所用戈称"锯"。同时认为,燕王职就是燕昭王;"戎人"铭用"乍"不用"造",近于"职",可能是惠王;"詈"器"乍"、"造"兼用,可能是武成王;"朕"器所用"𠂤"仅见于燕器,可能是燕易王,孝王铜兵似尚未见。

　　冯胜君于 1998 年发表的《战国燕王铜戈研究》一文是这方面的后起总结之作[341]。该文从形制上将燕王戈分为 A、B两大型及 AⅠ、AⅡ、BⅠ、BⅡ四式。其中 A 型胡刃均带波状子刺;B 型无子刺。AⅠ式胡刃两子刺,内无刃;AⅡ式胡刃一子刺,内有刃;BⅠ式直内无刃;BⅡ式刀状内微上扬(图四三)。笔者认为,该文更为全面简捷。同时该文认为,石永士将 AⅠ式中内有虎形纹的戈定为"御司马"用器的观点是可

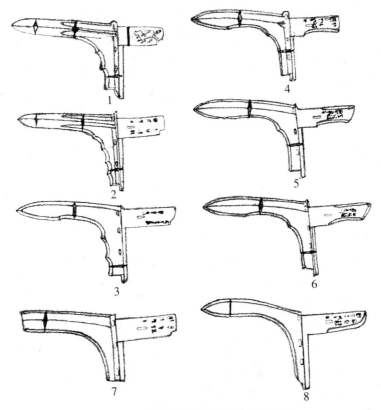

图四三 冯胜君对战国燕王戈的分式图

(引自冯胜君《战国燕王戈研究》)

1~3.AⅠ式燕王戈 4~5.AⅡ式燕王戈 7.BⅠ式燕王戈 8.BⅡ式燕王戈

信的。内部同样无刃的AⅠ③式与BⅠ式戈均自名为铗,铗似为内无刃戈的称呼。内有刃的戈一律自名为锯;一面有刃的称"萃锯";三面有刃的称"玟锯";体量大的称"巨玟锯"。A型燕王戈在形制与铭文格式上存在着上述严整的对应关系,这是其主要特色之一。BⅠ式戈中的"郾王喜愚𠂤㐅俅戈",援内全长仅 13 厘米，似为明器。仅有的一件 BⅡ式戈书作"郾王詨乍命萃锯"，作刀形内，非"萃锯"常有的一面刃，而且不是发掘品，故不排除其为伪器的可能。郾侯脮当定为燕成公后、燕易王前的某燕君，将郾王戎人置于王职之后似更稳妥，郾王詈无疑应在戎人之后。自名"铺"、"镂铺"、"镂"的燕王戈都是AⅠ式戈，其演变序列是铺——镂铺——镂。此外，该文对燕王戈配属对象和如何辨伪的见解也很值得关注。

1990 年，王贻梁刊文，将燕王戈铭中"亻萃锯"之"亻"释为"七"，与后一字连读为"七萃"，且同《穆天子传》中的"七萃之士"相联系，由此判定《穆天子传》必是战国时人的作品，可谓另有眼光[342]。1987 年，黄盛璋与孙敬明同时刊文，共论山东省潍坊市博物馆所藏车大夫长画戈，并均以大夫主造而定其为燕器[343]。1996 年，董珊刊文，将燕王戈铭"乍武舞镴铨"中的"舞"释为"無"而读作"舞"，并认为与琉璃河"燕侯舞易"铜泡铭之"舞"字同科，也是舞器之舞[344]。类似的意见，还见于其《新见战国兵器七种》[345]一文。此外，其他相关论述还有王翰章的《燕王职剑考释》、施谢捷的《郾王职剑跋》、沈融的《燕兵器铭文格式、内容及其相关问题》和黄盛璋的《燕、齐兵器研究》[346]等。

4．东周燕文化铁器研究

燕国战国时期的铁器和铸范发现较多，其中比较重要的地点有河北兴隆寿王坟[347]，燕下都高阳村[348]、燕下都第 22 号遗址[349]、燕下都第 44 号墓[350]、燕下都炼台庄[351]；内蒙古敖汉旗老虎山[352]；辽宁鞍山羊草庄[353]、抚顺莲花堡（图四四）[354]、海城[355]、凌源安杖子[356]；天津北仓[357]、巨葛庄等[358]。铁器的种类以锄、镰、镢、斧、锤、凿、犁铧、刮刀

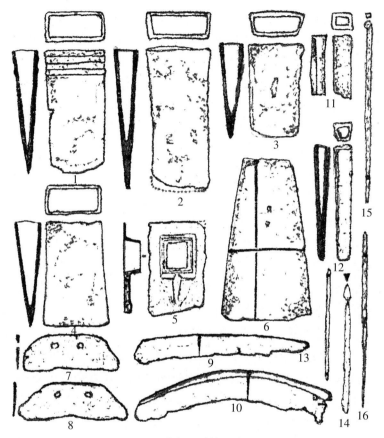

图四四 辽宁抚顺莲花堡出土铁器

1.Ⅰ式镬 2.Ⅱ式镬 3.Ⅲ式镬 4.斧 5.镐 6.锄 7、8.刀 9.Ⅱ式镰
10.Ⅰ式镰 11、12.凿 13.钻 14.铁锃铜镞 15、16.锥形器

为主，也有相当数量的甲胄、铠甲、剑、矛、戟、匕首、镯等
兵器，此外在河北兴隆还发现大量成套的铁质工具铸范。

对燕国战国铁器研究比较深入的，是郑绍宗的《热河兴隆
发现的战国生产工具铸范》[359]一文。该文对铁范作了分类绘

图，并弄清了何种范应铸何种工具及其铸造技术与手法。同时认为，兴隆铁范数量大、种类多，说明铁制生产工具的使用在战国已极为普遍。此外，研究战国燕国铁器的文章还有杨根先的《兴隆铁范的科学调查》、北京钢铁学院压力加工专业的《易县燕下都 44 号墓葬铁器金相考察初步报告》、李仲达的《燕下都铁器金相考察初步报告》、雷从云的《战国铁农具的考古发现及其意义》等[360]。

5. 东周燕文化瓦当研究

瓦当非一般民居所能有，多系宫殿建筑使用，对确认遗址、城址、建筑的性质至关重要，因此在考古遗物中具有十分重要的地位。燕国饕餮纹瓦当发现较多，其中重要的出土地点有北京广安门外桥南[361]、宣武区韩家潭[362]，辽宁凌源安杖子古城[363]、锦西部集屯小荒地南城[364]，河北怀来大古城村[365]、易县燕下都[366]。而以燕下都出土的数量、种类最多（历年积累约有三千三百五十余件），也最为精美。

相关研究论述中，以石永士的《燕下都出土的建筑材料》一文最具代表性[367]。该文根据纹案不同，将瓦当分为素面、饕餮纹、双鸟双夔纹、双鸟纹、双兽纹、云山纹、云树纹、窗棂纹八大类。在图案复杂、变化较大的饕餮纹大类中，又再细分为附加卷云、双夔、三角纹地双夔、独兽卷云、四狼、双兽、山形、锯齿纹山形、简化型等九型（图四五）。同时该文指出，只使用半瓦当而无圆瓦当，是燕下都瓦当的特色之一。燕下都半瓦当在春秋早期时多为素面。春秋中期至战国早期时衣纹图案日趋繁密（开始出现卷云和双龙饕餮纹），边缘变窄。战国中期时种类增多，窄边加宽，纹案规矩，线条流畅，新增山形、双龙、山云等纹，呈简化趋势。战国晚期时边缘加宽，

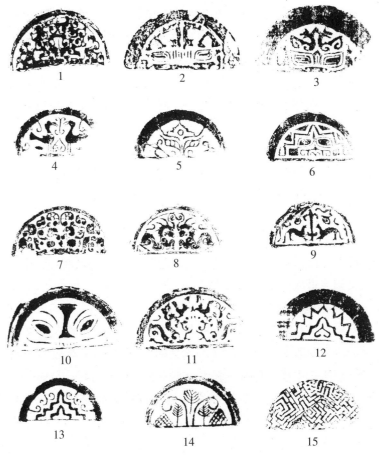

图四五　燕下都遗址出土半瓦当

（引自石永士《关于燕下都故城宫殿建筑几个问题的探索与研究》）

1.卷云饕餮纹半瓦当　2.双兽饕餮纹半瓦当　3.四狼饕餮纹半瓦当　4.双鸟饕餮纹半瓦当　5.花卉太阳山形饕餮纹半瓦当　6.山形饕餮纹半瓦当　7.云蝶饕餮纹半瓦当　8.双鹿半瓦当　9.树木双狼纹半瓦当　10.人面纹半瓦当　11.双螭双龙纹半瓦当　12.山形纹半瓦当　13.山云纹半瓦当　14.树木卷云斜方窗纹半瓦当　15.窗棂纹半瓦当

纹样简率。饕餮纹在整个东周时期的流行及占统治地位，是燕瓦当最大的特色。它与卷云纹是燕瓦当对商周青铜文化主题纹饰历史传统的承袭。战国时期出现的树木走兽纹，显然受到齐瓦树木双兽纹的影响，狼、鹿等动物纹则受到了北方草原文化的影响。而燕下都的瓦当纹对齐、赵、中山乃至秦瓦当也有影响。丰富多彩的燕下都瓦当纹饰，不仅对研究燕国的历史、文化具有无可替代的考古学价值，而且也是燕国和战国都城宫殿建筑中优秀创造的重要组成部分。郭大顺在《从饕餮纹大燕国消失最晚谈起（提要）》一文中指出，东周燕国瓦当上占统治地位的饕餮纹，更有可能渊源自更早的夏家店下层文化彩绘陶器上的饕餮纹。饕餮纹本源于燕山南、北长城地带，基础于此最厚。也许这就是同处于这一地带的东周燕国流行该纹饰独久而又消失最晚的历史原因[368]。

6. 战国燕陶文研究

最早著录陶文的清陈介祺的《簠斋藏陶》，所收燕陶文不多。清末安徽学者周进的《季木藏陶》，对燕陶文有较多的收录。近年，中华书局有《新编全本季木藏陶》出版。目前收录燕陶文资料较多的，是高明编纂的《古陶文汇编》[369]，该书共收录燕陶文一百五十余则，大多出于燕下都。《燕下都》报告收有陶文九百一十七则[370]。若再加上河北容城、北京、辽宁等地的新发现，目前燕陶文的总数已接近千则，还是相当丰富的。

研究燕国陶文的发轫之作，是李学勤的《战国题铭概述（上）》[371]一文。该文指出，燕国陶文都是用玺印印成的，形式主要有三种：第一种作"陶攻（工）某"，印面呈条形；第二种作"左宫某"或"右宫某"，印面呈正方形，这是王宫所隶的陶工；第三种系用几钮条形印面的阳文印联钤，如"廿一年八月，右陶胥（尹）倕疾，敀贺，右陶工汤"（《艺术丛编》廿第三器）。同时该文认为，其文中所用燕陶文资料年号，都是燕王喜在位时的年号。李零在《新编全本季木藏陶》（前言）的《燕国部分》[372]中指出，燕国陶文在山东北部也有发现。燕国陶文多为印款，主要有三类：一、三级监造类。格式一般作"某年某月，左（右）匋胥"，或"左（右）陶胥某"（为一长方印），左（右）匋倛某、敀某（为又一长印），"左（右）匋攻某"（为又一长印），与兵器上的"三级监造"相似。陶文中"匋胥"即陶尹，当是省者；"陶倛"可能是陶师，与"敀"同为主者；"匋攻"应读"陶工"，是造者。"敀"前不标左、右而"匋倛"自明，显示其应是陶倛的助手。二、"宫某"类。又分"左宫某"、"右宫某"两类，当是隶于王宫的陶工名。三、"陶工某"类。往往分左右，有时也省称"工某"。李学勤的《燕齐陶文丛论》一文以高明所编《古陶文汇编》中收录的十七条燕纪年月陶文为例展开[373]。文中重申，各例纪年均为燕王喜之世。燕国制陶主管机构是左右陶尹，人员有倕、敀、工三级。"倕"为陶尹主管人员，"敀"应读为搏或瓶，并认为自己过去推测陶工可升迁为倕或敀的见解是不成立的。燕陶文记量中也用"壹"，与铜器单位一致，并希望用完整的陶罐进行实测，以确定其性质用途。何琳仪的《古陶杂识》一文，将燕陶文中的"𤇾"字隶定为"倈"，读为"里"，即《国语·齐语》中里、轨制之里[374]。徐秉琨的《辽宁发现战国陶铭四种考略》一文，对近年辽宁发现的四种战国燕陶文进行了考释，使我们对燕陶文的认识扩大到了辽宁地区，十分难得[375]。冯胜君的《燕国陶文综述》[376]一文，首先引何琳仪读"倈"为

"里"、孙敬明读"畋"为"轨"之说，证明燕同齐一样，也实行《国语·齐语》中的里、轨制，并认为燕国制陶业管理体系应由陶工、陶畋（轨）、陶里（佚）、陶尹四级构成。《古陶文汇》4·40 中著录的"右宫司马"燕陶系伪作。同时该文对右北平、左北平、徐无、无终、阳安、阳城、饶、左讹、狗泽等燕陶城名也进行了考证，颇有收获。此外，该文还以《燕下都》中与量制有关的资料为素材，证实战国燕国量制应采用竞（斛）、𢇛（掬）、金（溢）三级，一斛相当于十二掬和二十四溢。

高明所编《古陶文汇编》[377]虽称网罗宏富，但仍有些许遗漏。如《考古》1963 年第 3 期中北京市文物工作队《北京西郊白云观遗址》一文所载四则陶文和《考古》1993 年第 3 期中孙继安《河北容城县南阳遗址调查》一文所载三则陶文均未收录进去。其中，《北京西郊白云观遗址》一文所载四则陶文中的第三则书作"劒"。对此，笔者认为，其左偏分明为"鱼"，右偏分明为"刂"，合之则分明为"劒"，当是"蓟"城之"蓟"字。陶器的出土地恰在考古界推测为燕上都蓟城的今北京宣武门至和平门一带，这正是证实此地确为古蓟城的良证。《河北容城县南阳遗址调查》一文所载三则陶文中有两则是"易市"两字，陶文出土的容城南阳遗址，正是自汉宋衷起指为燕都临易的所在地，这恰是该地确为燕易都的良证。两则陶文的重要性不言而喻。

7. 战国燕国古玺研究

燕玺的著录，除有关报道、简报外，多见于罗福颐编著的《古玺汇编》[378]中。研究战国燕玺的论文不少，现择要介绍如下。

石志廉的《馆藏战国七玺考》[379]一文，将1962年出于河北唐山开滦金庄矿区井下的古玺铭释为"会平市钵"，并据出土地点和钵文字体、内容判定其为战国燕玺，同时认为铭中"会平"或是战国时唐山地区的古地名，可补文献之不足。他的《战国古玺考释十种》[380]一文，将郭申堂《续齐鲁古印捃》等书曾著录、柯昌济《金文分域编》称《山东通志》载光绪十八年（公元1892年）出土于周季木云易州的"日庚都萃车马钵"，据铭中"萃"字为燕王兵铭习见和"车"字写法与战国燕钵"左军丞镅"军下之车相同及钵出于燕之下都易州，判定其为战国燕玺。又据其形制四边作铜墙如方笔筒和筒内有数柱横撑其间及印文又与车马有关，再判定其为古铃马印。该文还将于省吾《双剑誃古器物图录》一书曾著录的古玺铭"外司𤏶鈛"释为"外司瀘（炉）镅"，并据其铭"𤏶"与战国燕刀币背文"瀘"字相似定其为燕器，同时认为此乃燕国掌管铸造钱币炉次官吏所用之印。在《会平市玺补释》[381]一文中，他修正其旧说，将玺文中"会"义改释为聚会，"平"义改释为平定物价，并认定其为战国时燕国聚会平定市中列肆物价官吏用印。在《战国古玺文字考释十一种》[382]一文中，他将传说出于易县燕下都、刊于《艺林月刊》第45期第16页的"𣊟都王"玉钵文释为"燕都王"，并认为此乃"燕都王氏镅"的简称。同时据该玉玺乃长方条形和铭例与燕玺同及又传出于易县燕下都，定其为战国燕玺。王辉《古玺释文二则》[383]一文将《古玺汇编》中0049号原释为"佲□左司马"的古玺文改释为"佑鄑"，转指鄑为墇之误，并定其为燕玺。李学勤的《海外访古续记（三）》[384]一文，将日本京都大学人文科学研究所藏、吴隐所编《纂籀誃古钵选》印谱收录的"中邸都左司马"方玺，定为战国燕玺。董珊的《古玺中燕都蓟及其初封问题》一文，将《古玺汇编》中 0082 号"萛陲司工"玺文"萛"隶定为禼（茧），即《说文·舛部》的"𡴎"字。当其读为《说文》中的"郣"，即"蓟"之古文时，则将整个玺文释为"蓟都司工"，并判定它当是一枚明确无疑的燕官玺[385]。吴振武在《释双剑诶旧藏燕"外司聖镐"玺》[386]一文中，将石志廉释为"鏖"、读为炉的玺铭改释为"聖"字，并以为玺文"司聖"显然是《管子》中所见的"司聲"（古"聖"、"聲"二字每每相通），"司声"当是负责听察国情民声之官，是王之耳目。玺文"外司聖"，是指在外朝或朝外司声之官。该玺是燕国掌听"理乱之音"的"司声"官员所遗。上述考释无疑是正确的。何琳仪《战国文字通论》一书，单辟章节对燕玺进行了讨论[387]。1996 年，他与冯胜君在《燕玺简述》（以下简称《简述》)[388]一文中，又对燕玺作了更为全面深入的探讨。该文对燕玺中可考之地名、官制、军制、市制等按《古玺汇编》的顺序逐一加以了讨论。暂不可考者，归入附录，以俟方家。这是迄今为止有关燕玺最全面的总集之作。在地名一节，《简述》列举了《古玺汇编》所录与易（鄎）、隔阴、文安、平（坪）阴、夏屋、方城、遒、㳻、柜阳、庚（暆）、甫阳、武尚、闵阳、妠城、信城、眗悗、东阳海泽、洀汕、族阳、中阳、武城等地各有关的燕玺三十六方。同时考定"鄎"即燕之易都临易，并引笔者在《燕史纪事编年会按》（下册）中的推测，认为容城南阳遗址应为春秋燕桓公所徙之临易，雄县古贤村遗址应为战国燕文公所徙之易都。考定"隔阴"应读彊阴，地属汉代雁门郡，在今内蒙古凉城东，其地曾一度属燕，故有此类玺。"夏屋"三玺为燕玺，原为黄盛璋《所谓夏墟都三玺与夏都问题》[389]一文所考,地在今河北唐县,《简述》以为可信。对于其他地名,《简述》以为,"遒",应读"酒",即《汉书·地理志》涿郡酒县,地在今河北涞水。"埄",即埭,亦即瑙字,疑读饶,地在今河北饶阳东北,一度属燕。"柜阳",即剧阳,汉属雁门郡,在今山西应县东北。"庚(暊)",读为唐,地在今河北唐县。"甫阳",即浮阳,地在今河北沧州东南。"武尚",读为武阳。"闵阳",《简述》以为施谢捷《古玺印考释十篇》一文中考为"启阳"可从,地在今山东临沂北,燕伐齐时占之,故有此玺。"妠城",《简述》读为"容城",地在今河北容城北。"信城",《简述》以为本赵地,此玺乃赵信城人入燕以其故土为封号而遗。"眴悦",《简述》读为寿光,本齐地,燕伐齐时一度属燕。"东阳海泽",《简述》以为从玺文后有"锱"字可断为燕玺,地望待定。"洇汕",《简述》读为"朝鲜",以为此玺或为燕军击破朝鲜时物。"族阳",《简述》疑读"聚阳",属右北平郡。"中阳",《简述》以为地属燕,具体地望不可考。"武城",《简述》以为在《汉书·地理志》定襄郡,地在今内蒙古清水河西北。在待考地名一节,《简述》引用了与悦阴、洵城、沫、韩(?)佑、桤湩、鄙邸、禼、徒口、栏阳、单佑、左轩侨、阳文、雨、坪骑诸地有关的古玺二十六方,并认为从文例、字体均可定为燕玺,但地望待考。值得注意的是,董珊已具文将其中的"禼"考为"蓟",不知是《简述》未及见还是另有考虑。

在职官、官府一节,《简述》列举了与大司徒、司徒、左司马、右司马、司工、封人、右宰、右厨、岔(掾)等有关的燕玺四十方,并论证了燕有以上诸职官。待考职官,列有"酋师"、"槳皇"、惪皇、枋郏左、琯阽左、清左、页壮、外司□等八则。在军制一节,《简述》列举了与左军、中军、壴(鼓)

车、萃司马数条有关的燕玺，并认为燕军制当有这数职，同时将燕兵玺铭屡见之"萃"引古训释为部队。在市制一节，《简述》从左市玺推定燕在一些大都邑实行多市制。在其他一节，《简述》论及了燕玺中与朱粟、山金、镅有关的问题，并认为山金即指山铜，镅当读瑞，义为节信，为燕玺自名。

8. 东周燕国货币研究

(1) 燕币尖首刀

迄今为止，尖首刀已有数百起发现，其出土地点大致包括今山东部分地区和河北中、北部及辽宁西部，几乎覆盖了春秋战国时期燕国的全部疆域，并旁及与燕为南邻的齐、赵、中山和为北邻的戎狄各部。因此，专家学者对尖首刀的起源与国别问题存在着不同认识。马昂在《货币文字考》[390]一文中认为，它是赵国的铸币。王献唐在《中国古代货币通考》[391]一文中认为，它是"燕币初铸之制"。王毓诠在《我国古代货币的起源和发展》[392]一文中认为，它"可能是燕国长城以南一个地区的特殊刀货货币。"朱活在《谈山东临淄齐故城的尖首刀化——兼论尖首刀化的几个问题》[393]一文中认为，它是燕国境内从事商业的夏遗、殷遗即北方戎狄少数民族的铸币。石永士、王素芳在《"尖首刀"化的初步研究》[394]一文中，以新的出土资料，重申王献唐的旧见，认为它是"燕币初铸之制"。张弛在《中国刀币汇考》[395]一书中认为，燕国最有可能先铸行尖首刀，此后有狄铸、戎铸、齐铸多种。孙敬明在《刀币蠡测》[396]一文中主张，尖首刀为戎族刀币。靳枫毅在《北京延庆军都山东周山戎部落墓地发掘纪略》[397]一文中认为，"燕国及其邻近地域最早出现的尖首刀，很可能源于山戎文化日常必备的生活工具青铜削刀"。黄锡全在《先秦货币通论》一书中，

将尖首刀分为甲、乙、丙、丁、戊五型，并推定带有𣏌𡿨等铭
文的甲型为狄式刀，年代在春秋中至晚期；乙型为白狄鲜虞中
山国所铸，年代在战国早期早段；丙型为燕边狄族所铸，不排
除早期燕刀，年代在战国早期的中、晚段；丁型为针首刀，属
狄或白狄所铸，年代在战国早期晚段或中期前段；戊型为赵北
狄族所铸，年代在战国中、晚期[398]。笔者在《从军都山戎族
墓地的发现谈尖首刀的起源和国别问题》[399]一文中认为，军
都山戎族墓地尖首刀的年代当在春秋晚期的中段，而黄锡全所
定甲型Ⅰ式肥、鼓族铸狄刀年代则在春秋中期，看来军都山所
出尚不是起源阶段的尖首刀。军都山的戎族可能并非山戎，而
更可能是无终戎（代戎的前身）。随葬大量青铜削刀并不仅限
于靳枫毅之所谓山戎，而应包含燕、晋、秦北边的许多戎狄部
族。尖首刀虽有可能起源于北方戎狄，但并不限于靳枫毅之所
谓山戎，也未必就是戎狄首铸，而却更有可能是燕国首铸，它
应是戎狄与燕共同的文化因素。其发展过程大体可能经历了以
下五个阶段：一、燕国以边邻诸戎狄大量使用的青铜削刀为楷
模进行仿制，以之交换那里的马、牛、羊、及皮毛等物品。
二、将仿制的削刀不开刃，只供交换物品，不供实用，成为一
般等价物的特殊商品——货币。三、铸上钱文，由"出口"转
"内销"。四、周边戎狄也自行铸造尖首刀，并加铸肥、鼓等钱
文，成为狄刀。五、燕国将自铸尖首刀铸上标示国别的"𠛆"
字，最终变成"燕明刀"。

　　（2）燕币"𠛆"字刀

　　石永士、王素芳在《燕国货币概述》[400]一文中将燕𠛆字
刀币分为六式，并认为燕尖首刀的末式Ⅴ式与𠛆字刀的首式
Ⅰ式形制最为接近，最初的𠛆字刀当由Ⅴ式尖首刀演变而来。

◇字刀是燕国币制进行彻底改革的结果，而改革的主要标志就是在刀币上铸以◇字面文，并将其作为燕国的法定货币固定下来。该文将◇字刀币演变的规律概括为："面文书法由笔划粗重、浑圆有力向熟练、规整方向发展，尔后书法渐趋草率；面文"◇"字外笔上平下折左撇、形体略短向外笔作弧形、字体倚斜而长的竖椭圆形演变，尔后形体经短向偏椭圆形发展，最后演变为眼目形；背文由数字、单字或合文的尖首刀钱文组成，逐渐演变为以"右"、"左"、"$\otimes$"、"外"等字为字首，再加以尖首刀钱文组成的字组，尔后字组种类增加，并出现合书字背文；背文形制由弧背演变为折背，长度逐渐变短，铜质亦由好变劣。面文和背文多因铜质的变化而由清晰变为模糊不清。"该文的上述归纳简明准确，值得信从。

关于燕◇刀钱，值得讨论的问题很多，其中最重要就是面文"◇"字的释读。对此，长期以来众说纷纭，迄无定论，以致有学者认为它"是一个奇人所创造的奇字，其正确读法，宛如一座坚固堡垒，截至目前为止，尚未被古文字学家所攻破"[401]。据冯胜君《战国燕币综述》（以下简称《综述》）[402]一文的归纳，对刀币面文◇字的解释大约有以下九说：

释明。清人初尚龄在所著《吉金所见录》中说："今此刀明明籀文'明'字。"多数学者均遵从此说。

释莒。清人朱枫首倡此说，其所著《古金待问续录》云："太公铸九府钱法，其小者为莒刀。此钱面文一字，疑即'莒'字。"毕沅、阮元等人赞同此说。

释泉。清人冯启榛主此说，谓"莒刀面文，乃'泉'字，像水之汇也。"其说见清李佐贤《续泉说》。

释同。清人戴照《古泉丛话》三卷末云："余颇疑面文是

'同'字。"

释召。近人丁福保主此。其《古钱学纲要》云："惟近人以刀面之🝐或◗读作'明'字，此乃大谬不然。因◗非月字，乃刀字；〇非日字，乃口字也。刀口二字，合之则为召。"

释易。罗伯昭、郑家相等人主此。郑家相在《燕刀面文"明"字问题》一文中引用罗伯昭的观点："《说文》易下秘书说：'日月为易，象阴阳也。'此字当为易字，易是易州地名，这种刀多从那里出土。"

释匽。陈梦家首倡此说，他在《西周铜器断代（二）》的《战国燕刀货》一节中说："我们可以肯定所谓'明刀'实即燕国的刀货；而所谓'明'字可能是'匽'字的简写。"

释邑。郭若愚《春秋战国时期货币的演变和发展》一文主此说。

释库。郑刚《战国文字中的同源词与同源字》（油印本）一文主此说。

总括以上九说，以义观之，似以释"易"、"匽"二说为优，然与字形不甚和合，故唐石父、高桂云评之为"强作解人"[403]。以形衡之，则以释"明"为长，冯胜君前文称"刀币面文🝐即明字，本是一个无须置辨的问题"也是因此。但"我们迄今仍未弄清'明'字在用作币文时的具体含义。"故由义观之，释"明"仍不能令人满意。无论清人初尚龄以"明"为燕国平明邑，还是马昂以"明"为赵之"明"邑，关百益在《〈义州盟刀谱〉序》[404]中以"明"转通"盟"，夏渌等在《学习战国文字偶记》[405]中以"明"通"缗"，黄锡全在《燕刀"明"字新解》[406]中将"明"释为从☉（眼）月声、声中月有偃月眉意而读为"眼"通"匽"，都不能令人去疑解惑。因此，到目前为止，燕◢刀面文的释读，仍是一个悬而未决的问题。

非燕铸◢字刀币中，以齐铸最多，且在齐地有两次◢刀铸币范发现。过去学者多将齐铸◢刀的年代定为春秋晚期至战国早期。冯胜君《综述》综合齐◢刀币形制、币文、铜质、出土地（莒、即墨）诸因素及燕伐齐惟莒、即墨未下的历史文献记载，改定其年代为战国中期燕伐齐的五年间，并断其为齐为与燕军展开贸易而仿铸的刀币。其说颇有新意，且言之成理，持之有故，很值得重视。

（3）燕铸布币

燕国东周时期不仅有主币刀币（春秋为尖首刀，战国为◢字刀），也有仿照三晋铸行的辅币布币。研究燕铸布币的论文不少，其中比较有代表性的是石永土的《就燕下都出土的布币范试谈"ㄖ昜"布的几个问题》[407]、《燕国货币概述》[408]和何琳仪的《燕国布币考》[409]三文。1965年秋，在燕下都第13号作坊遗址战国晚期地层中出土了十件布币陶质铸范，其中五件是仿赵国的耸肩尖足平首布，另外三件是平首方足布，二件形制不明。后来，又在燕下都出土了一批燕国仿铸赵国的安阳布。其平首耸肩方足，形制虽与赵布同，但面文却书作"ㄖ昜"，晚期背文分别铸以"左"、"右"、"右十"、"右大"等，与赵布有明显的差别，而具燕仿布币特征。

起初，燕仿三晋布币还沿用赵布的地名"安阳"，但稍后燕国就铸行了明确标有其标记◢字面文的"右◢"四字布。该布形制为平首平肩方足，据王一新的《"右明新货"小布之再现》[410]一文介绍，目前发现的实物还只有十枚。1965年秋，在燕下都13号作坊遗址发现的两枚平首平肩方足布陶质铸范，看来就是这种布的铸范。该布面文有四字，后两字释读分歧较大。石永士释"新治",王一新释"新货"。何琳仪释"司锱",并认为"司锱"可能是燕国管理货币的职官,相当于《礼记·曲礼下》中的"司货"[411]。

再后燕国仿铸的布币,则明确标示了燕国的地名。这种布币多平首方足,肩则有耸、平两种,背面多平素无纹,偶尔有"小"形纹。据何琳仪《燕国布币考》[412]一文研究,目前已发现的燕铸面文为燕地名的布币共有七种,它们是安易、缳坪、坪险、悦昌、苏刀、宜平和旺坪。"安易"(货系2290～2316),读为安阳,即《汉书·地理志》中代郡的东安阳,地在今河北阳原县东南。"缳坪"(货系2317～2326),读为襄平,即《汉书·地理志》中辽东郡的襄平,地在今辽宁辽西(笔者认为,似应为今辽宁辽阳)。"坪险"(货系2327～2333),读为平阴,战国代地,在今山西阳高县境。"悦昌"(货系2334～2339),读广昌,即《汉书·地理志》中的广昌,在地今河北涞源。"苏刀"(货系2340～2341),读为韩号,即《水经·圣水注》中的韩候城,地在今河北固安。"宜平"(《北京市钱币学会简况》),读为安平,即《汉书·地理志》中辽西郡中的新安平,地在今河北滦县西。"旺平"(《中国钱币》),读为重平,即《汉书·地理志》中渤海郡的重平,地在今河北吴桥。

(4)燕铸圜钱

在今河北北部、内蒙古、辽宁、吉林及朝鲜北部,发现了较多面文为"一刀"、"刂刂"和"刂彡"的方孔圜钱。由于其中两种面文含战国燕币特有的"刂"字,因此学界多认定它们是燕国仿秦钱而铸行的圜钱。对于面文"一刀"、"刂刂"中的"刀",吴振武在《战国货币铭文中的"刀"》[413]一文中释为"刀"字,十分正确。石永士、王素芳在《燕国货币的发现与研究》[414]一文中认为，这种圜钱铸行的时间"约在燕王喜徙居辽东以后，直至燕国灭亡"。其说可信。在燕圜钱中的"刀"字一般书作"𠂊"形，很像"月"字。冯胜君前文认为这是受"明"字"月"旁写法影响的结果，是一种类化现象。"明彡"圜钱面文中的"彡"字，上文以为字虽不识，当不排除是一种符号的可能。这三种圜钱面文的含义，目前还不完全清楚，尚有待进一步研究。

东周燕文化值得介绍的专项研究还有不少，限于篇幅，我们只能择要介绍以上八项。就整个燕文化而言，该写的东西也还有不少，由于同样的原因，我们也不能尽数包纳。此外，河北北部有许多含直刃匕首式青铜短剑的北方少数民族文化遗存，其中虽出土不少具燕文化风格的青铜礼器，但由于其族属和主要文化属性不归燕文化范畴，因此本书均未收入，谨此说明。

注　释

［1］罗振玉《贞松堂集古遗文》，1930 年。

［2］初尚龄《吉金所见录》，清嘉庆二十五年刊本。

［3］四器为齐侯鼎、齐侯敦、齐侯盘与齐侯匜。它们初为盛铎所得，后由美国人福开森转售纽约艺术博物馆。《劫掠》A284—A287 有著录，恐系燕昭王伐齐之役的战利品。

［4］此器后被姚桂芳攫去，转售给了比利时人斯托莱克（A·Stoclet）。

［5］傅振伦《燕下都发掘报告》，《国学季刊》3 卷 1 期，1932 年 3 月。

［6］傅振伦《燕下都第一期发掘工作报告书》，《北京大学日刊》，1930 年 7 月 5～12 日。

［7］傅振伦《燕下都城址内外土台之考究》，《新晨报副刊》，1930 年 7 月 24～29 日。

[8] 傅振伦《燕下都考古记》,《地学杂志》18 卷 4 期,1930 年。

[9] 傅振伦《老姆台的发掘与遗物包含情况》,作于 1931 年 6 月,至今未见发表。

[10] 傅振伦《从燕下都发掘品考察瓦当制作方法》,作于 1931 年,1993 年 10 月刊《文物研究》第 8 期,题目改为《根据燕下都出土瓦类推测它的制作方法》。

[11] 傅振伦《燕冀丛话·燕国黄金台小考》,《河北省县自治画报》1 卷 2 期,1932 年 5 月 3 日。

[12] 傅振伦《燕下都遗迹考》,《地学杂志》1932 年第 1、2 期。

[13] 傅振伦《燕下都半瓦》,《河北第一博物院半月刊》,1932 年 7 月第 20、21、26、33、39 期。

[14] 傅振伦《中国艺术伦敦展览会陈列之河北文物》,《河北第一博物院画刊》第 139 期,1937 年 6 月。

[15] 常惠《易县燕下都故址调查报告书》,《国立北平研究院院务汇报》1 卷 1 期,1930 年 5 月。

[16] 常惠《易县燕下都考古团发掘报告》,《国立北平研究院院务汇报》1 卷 3 期,1930 年 9 月。

[17] 王庆昌《易县燕墟初步研究》,《国立北平研究院院务汇报》1 卷 3 期,1930 年 9 月。

[18] 王振洲《燕下都考古团发掘工作之始末》,《古物保管委员会工作汇报》,1935 年 5 月。

[19] 傅增湘、周肇祥《涞易游记》,《艺林月刊》5 卷,1934 年 2 月。

[20] 傅增湘、周肇祥《易水重游》,《艺林月刊》8 卷,1936 年 12 月。

[21] 滕固《燕下都"半规瓦当"上的兽形纹饰》,《金陵学报》6 卷 2 期,1936 年 11 月。

[22] 孟桂良《易水金石志稿》,现存中国社会科学院考古研究所图书资料室。

[23] 郑家相《燕布之新发现》,《帛币》第 23 期,1944 年 3 月。

[24] 傅振伦《燕下都发掘品的初步整理与研究》,《考古通讯》1955 年第 4 期。

[25] 谢锡益《燕下都遗址琐记》,《文物参考资料》1957 年第 9 期。

[26] 中国历史博物馆考古组《燕下都城址调查报告》,《考古》1962 年第 1 期。

[27] 河北省文化局文物工作队(李晓东执笔)《河北易县燕下都故城勘察和试掘》,《考古学报》1965 年第 1 期。

[28] 河北省文化局文物工作队《燕下都第 22 号遗址发掘报告》,《考古》1965 年

第 11 期。

[29] 河北省文化局文物工作队《河北易县燕下都第十六号墓发掘报告》,《考古学报》1965 年第 2 期。

[30] 河北省文化局文物工作队《燕下都遗址内发现一件战国时代的铜人像》,《文物》1965 年第 2 期。

[31] 河北省文化局文物工作队《燕下都遗址外围发现战国墓葬群》,《文物》1965 年第 9 期。

[32] 河北省文化局文物工作队《1964—1965 年燕下都墓葬发掘报告》,《考古》1965 年第 11 期。

[33] 河北省文物管理处《河北易县燕下都 44 号墓发掘报告》,《考古》1975 年第 4 期。

[34] 北京钢铁学院压力加工专业《易县燕下都 44 号墓葬铁器金相考察初步报告》,《考古》1975 年第 4 期。

[35] 河北省文物研究所《河北易县燕下都第 13 号遗址第一次发掘》,《考古》1987 年第 5 期。

[36] 河北省文物管理处《河北易县燕下都第 21 号遗址第一次发掘报告》,《考古学集刊》第 2 集。

[37] 河北省文物研究所《燕下都》上第 733 页,文物出版社 1996 年版。

[38] 陈应祺《燕下都遗址出土奴隶铁颈锁和脚镣》,《文物》1975 年第 6 期。

[39] 河北省文物管理处《燕下都第 23 号遗址出土一批铜戈》,《文物》1982 年第 8 期。

[40] 李学勤《战国题铭概述(上)》,《文物》1959 年第 7 期。

[41] 河北省文物研究所《河北易县燕下都第 16 号墓车马坑》,《考古》1985 年第 11 期。

[42] 河北省文物研究所《燕下都》上、下,文物出版社 1996 年版。

[43] 同 [24]。

[44] 傅振伦《燕国下都的营建》,《中国历史博物馆刊》1993 年第 2 期。

[45] 同 [27]。

[46] 俞伟超《燕下都遗址》,《中国大百科全书·考古学》第 593~594 页,中国大百科全书出版社 1986 年版。

[47] 陈梦家《西周铜器断代(二)》,《考古学报》第十册,1955 年 12 月。

[48] 瓯燕《试论燕下都城址的年代》,《考古》1988 年第 7 期。

[49] 曲英杰《武阳》,《先秦都城复原研究》第 303~312 页,黑龙江人民出版社

1991 年版。

[50] 许宏《燕下都营建过程的考古学考察》，《考古》1999 年第 4 期。

[51] 中国历史博物馆考古组《燕下都城址调查报告》，《考古》1962 年第 1 期。

[52] 石永士《姬燕国号的由来及其都城的变迁》，《北京建城 3040 年暨燕文明国际学术研究讨论会会议专辑》第 175～181 页，北京燕山出版社 1997 年版；《燕下都的营建年代》，《燕下都》上第 870～874 页，文物出版社 1996 年版。

[53] 同 [47]。

[54] 同 [48]。

[55] 同 [52]。

[56] 同 [25]。

[57] 同 [27]。

[58] 同 [44]。

[59] 陈平《关于"桓侯徙临易"》，《燕史纪事编年会按》上册第 192 页～195 页，北京大学出版社 1995 年版；《燕都兴废、迁徙谈》，《北京社会科学》1998 年第 1 期。

[60] 孙继安、徐明甫《河北省容城县出土的战国铜器》，《文物》1982 年第 3 期。

[61] 孙继安《河北容城县南阳遗址调查》，《文物春秋》1992 年第 1 期；《考古》1993 年第 3 期。

[62] 同 [59]。

[63] 同上。

[64] 石永士《燕下都、邯郸和灵寿故城比较研究》，《中国考古学会第五次年会论文集》第 1～12 页，文物出版社 1988 年版。

[65] 郑绍宗《战国时期的燕、赵、中山都城的发现与研究》，《考古学研究》第 497～510 页，三秦出版社 1993 年版。

[66] 同 [7]。

[67] 石永士《关于燕下都宫殿建筑几个问题的探索与研究》，《文物春秋》1992 年增刊。

[68] 同 [44]。

[69] 赵化成《燕下都"人头骨丛葬遗迹群"性质刍议》，《中国文物报》1966 年 4 月 21 日。

[70] 同上。

[71] 陈平《燕亳与蓟城的再探讨》，《北京文博》1997 年第 2 期。

[72] 侯仁之《论北京建城之始》，《北京社会科学》1990 年第 3 期；徐自强《关

于北京先秦史的几个问题》(下)，《北京史论文集》第 2 辑，1982 年；葛英会《燕国的部族及部族联合》，《北京文物与考古》第一辑第 1～18 页，1983年；韩嘉谷《燕史源流的考古学考察》，《北京文物与考古》第二辑第 1～24页，1991 年。

[73] 同 [59] 第 214～217 页。

[74] 同 [71]。

[75] 北京市文物工作队《北京西郊西晋王浚妻华芳墓清理简报》，《文物》1965年第 12 期。

[76] 赵其昌《蓟城的探索》，《北京史研究》(一)，北京燕山出版社 1986 年版。

[77] 周耘《介绍北京市的出土文物展览》，《文物参考资料》1954 年第 8 期。

[78] 北京市文化局文物调查研究组《近几年来的北京文物工作》，《文物》1959年第 9 期；苏天钧《略谈北京出土的辽代以前的文物》，《文物》1959 年第 9期；苏天钧《十年来北京市所发现的重要古代墓葬和遗址》，《考古》1959年第 3 期；北京市文物工作队《北京西郊白云观遗址》，《考古》1963 年第 3期。

[79] 旄文冰《北京的古陶井及古蓟城遗址》，《光明日报》1971 年 12 月 20 日；《无产阶级文化大革命期间出土文物展览·北京市·北京外城东周晚期陶井群》，《文物》1972 年第 1 期；北京市文物管理处写作小组《北京地区的古瓦井》，《文物》1972 年第 2 期。

[80] 北京市文物工作队《北京西郊白云观遗址》，《考古》1963 年第 3 期。

[81] 旄文冰《北京的古陶井及古蓟城遗址》，《光明日报》1971 年 12 月 20 日；北京市文物局考古队《建国以来北京市考古和文物保护工作》，《文物考古工作三十年》第 1～12 页，文物出版社 1979 年版。

[82]《京郊发现战国时代文化遗址、建筑史学家推断可能是燕国"上都"》，《光明日报》1957 年 6 月 18 日；赵正之、舒文思《北京广安门外发现战国和战国以前的遗迹》，《文物参考资料》1957 年第 7 期。

[83] 北京市文物管理处《北京又发现燕饕餮纹半瓦当》，《考古》1980 年第 2 期。

[84] 安志敏《北京西郊八里庄发现战国瓮棺》，《燕京学报》第 37 期，1949 年 12月；安志敏、伊秉枢《北京西郊发现的瓮棺》，《燕京学报》第 39 期，1950年 12 月。

[85] 同 [77]。

[86]《北京广安门老君地基建工地发现古物》，《文物参考资料》1955 年第 4 期。

[87]《北京西郊中关园内发现瓮棺葬》，《文物参考资料》1955 年第 11 期。

［88］苏天钧《十年来北京市所发现的重要古代墓葬和遗址》，《考古》1959 年第 3 期。

［89］苏天钧《北京昌平区松园村战国墓葬发掘记略》，《文物》1959 年第 9 期。

［90］北京市文物工作队《北京昌平半截塔村东周和两汉墓》，《考古》1963 年第 3 期。

［91］北京市文物工作队《北京怀柔城北东周两汉墓葬》，《考古》1962 年第 5 期。

［92］北京市文物局考古队《建国以来北京市考古和文物保护工作》，《文物考古工作三十年（1949—1979）》第 5 页，文物出版社 1979 年版。

［93］程长新《通县中赵甫出土一组战国青铜器》，《考古》1985 年第 8 期。

［94］程长新《北京市顺义县龙湾屯出土一组战国青铜器》，《考古》1985 年第 8 期。

［95］北京市文物研究所《北京考古四十年》第 57～58 页，北京燕山出版社 1990 年版。

［96］王汉彦《天坛公园内出土一对铜壶》，《文物》1960 年第 3 期。

［97］张先得《北京丰台区出土的战国铜器》，《文物》1978 年第 3 期。

［98］北京市文物组《海淀区发现春秋时代铜器》，《文物参考资料》1958 年第 5 期。

［99］《北京市拣选的燕国铜器》，《文物》1982 年第 9 期；程长新、张先得《历尽沧桑、重放光华——北京市拣选古代青铜器展览简记》，《文物》1982 年第 9 期；程长新《北京市拣选的春秋战国青铜器》，《文物》1987 年第 11 期。

［100］同［95］第 59 页。

［101］《卢沟出土三古钱》，《艺林月刊》第 63 卷，1935 年 3 月。

［102］同［77］。

［103］北京市文化局文物调查研究组《近几年来的北京文物工作》，《文物》1959 年第 9 期；苏天钧《略谈北京出土的辽代以前的文物》，《文物》1957 年第 9 期；《十年来北京市所发现的重要古代墓葬和遗址》，《考古》1959 年第 3 期；北京市文物工作队《北京朝阳门外出土的战国货币》，《考古》1962 年第 5 期。

［104］赵葆寓《研究北京经济史的珍贵资料——通县金各庄出土一批古钱币》，《北京史研究通讯》1981 年第 5 期。

［105］同［95］第 63～66 页。

［106］同［88］。

［107］郭仁《关于渔阳城的位置及其附近河道的复原》，《考古》1963 年第 1 期；

北京史研究会《渔阳古城何处寻》，《北京晚报》1980 年 12 月 6 日。

[108] 王喆人等《北京大兴大小廻城村发现秦汉古城遗址和一批文物》，《光明日报》1959 年 1 月 18 日。

[109] 李学勤《西周时期的诸侯国青铜器》，《中国社会科学院研究生院学报》1985 年第 6 期。

[110] 同 [71]。

[111] 同 [72]。

[112] 见 [59]、[71]。

[113] 陶宗震《燕都蓟城考——兼论北京城的起源》，《北京文博》1996 年第 1 期。

[114] 王灿炽《北京建都始于公元前 1057 年》，《中国地方志》1982 年第 6 期。

[115] 赵评春、孙秀仁《论燕国形成年代与燕都蓟城方位道理》，《北京建城 3040 年暨燕文明国际学术研讨会会议专辑》第 182～188 页，北京燕山出版社 1997 年版。

[116] 同 [83]。

[117] 侯仁之《关于古代北京的几个问题》，《文物》1959 年第 9 期。

[118] 同 [76]。

[119] 同 [71]。

[120] 同 [79]。

[121] 同 [92]。

[122] 同 [76]。

[123] 同 [71]。

[124] 同 [76]。

[125] 陶宗震《燕都蓟城考——再论北京城的起源》，《北京文博》1996 年第 1 期；关续文《东周蓟城遗址踏勘记》，《北京文博》1996 年第 2 期。

[126] 曲英杰《燕都蓟》，《先秦都城复原研究》第 289～302 页，黑龙江人民出版社 1991 年版。

[127] 苏天钧《试论北京古代都邑的形成和发展》，《中国古都研究》第三辑，浙江人民出版社 1987 年版。

[128] 同 [126]。

[129] 冯秉其、唐云明《房山县古城址调查》，《文物》1959 年第 1 期。

[130] 刘之光、周桓《北京市周口店窦店土城调查》，《文物》1959 年第 9 期。

[131]《北京市的文物调查工作》，《文物》1959 年第 6 期。

[132] 北京市文物工作队《北京房山县考古调查简报》,《考古》1963 年第 3 期。

[133] 北京大学历史系考古教研究室商周组（邹衡执笔）《商周考古》第 156 页,文物出版社 1979 年版。

[134] 北京市文物研究所拒马河考古队《北京窦店古城调查与试掘报告》,《考古》1992 年第 8 期;《燕中都城址调查与试掘》,《北京文物与考古》第 3 辑,1992 年。

[135] 同［59］。

[136] 同［132］。

[137] 北京市文物研究所《北京市拒马河流域考古调查》,《考古》1989 年第 3 期;北京市文物研究所《北京文物与考古》第三辑,1992 年。

[138] 北京大学考古学系、北京市文物研究所《1995 年琉璃河周代居址发掘简报》,《文物》1996 年第 6 期。

[139] 王汉彦《周口店区蔡庄古城遗址》,《文物》1959 年第 5 期;苏天钧《十年来北京市所发现的重要古代墓葬和遗址》,《考古》1959 年第 3 期。

[140] 冯秉其、唐云明《房山县古城址调查》,《文物》1959 年第 1 期;北京市文物工作队《北京房山县考古调查简报》,《考古》1963 年第 3 期;魏明《房山县发现汉代广阳城遗址》,《北京日报》1962 年 4 月 24 日。

[141] 孙玲《琉璃河遗址发现战国墓群》,《中国文物报》1992 年 7 月 19 日;《北京琉璃河遗址发现战国墓群》,《北方文物》1992 年第 4 期。

[142] 柴晓明等《北京房山出土燕国刀币》,《考古》1991 年第 11 期。

[143] (清)秦嘉谟等辑《世本(八种)》,商务印书馆 1957 年版。

[144] 同［60］。

[145] 同［61］。

[146] 孙继安《河北容城县发现四批燕国货币》,《文物春秋》1992 年第 1 期;《河北容城发现三批燕国货币》,《考古》1994 年第 5 期。

[147] 陈平《燕都兴废、迁徙谈》,《北京社会科学》1998 年第 1 期。

[148] 《河北省文化局调查涿县北高官庄发现的古代遗址》,《文物参考资料》1955 年第 11 期;敖承隆《河北徐水解村发现古遗址和古城垣》,《考古》1965 年第 10 期;冯秉其《唐县发现古城址遗址各一处》,《文物》1957 年第 8 期。

[149] 冯秉其《滦县发现了古文化遗址》,《文物》1957 年第 3 期;河北省文物研究所《唐山东欢坨战国遗址发掘报告》,《河北省考古文集》第一集,1998 年。

[150] 张家口考古队《河北怀来官厅水库沿岸考古调查简报》,《考古》1988 年第 8 期。

[151] 河北省文物研究所《迁安县古遗址调查》,《文物春秋》1991 年第 3 期。

[152] 安志敏《河北宁河县先秦遗址调查记》,《文物参考资料》1954 年第 4 期。

[153] 李世瑜《古代渤海湾西部海岸遗迹及地下文物的初步调查研究》,《考古》 1962 年第 12 期。

[154]《"无古可考"的地带发现文化遗址和古墓》,《文物》1958 年第 3 期。

[155] 同［153］。

[156] 天津市文化局考古发掘队《渤海湾西岸古文化遗址调查》,《考古》1965 年 第 2 期。

[157] 天津市文物管理处《天津北仓战国遗址清理简报》,《考古》1982 年第 2 期。

[158] 韩嘉谷等《武清县兰城战国及汉代遗址》,《中国考古学年鉴·1992 年》,文 物出版社 1993 年版。

[159] 韩嘉谷《宝坻、武清古遗址》,《中国考古学年鉴·1993 年》,文物出版社 1994 年版。

[160] 同［157］。

[161] 天津市文化局考古发掘队《天津南郊巨葛庄战国遗址和墓葬》,《考古》 1965 年第 1 期。

[162] 韩嘉谷《一万年来渤海西岸环境变迁对古文化发展的影响》,《环渤海考古 国际学术讨论会论文集(石家庄·1992)》第 57～67 页,知识出版社 1996 年版。

[163] 冯秉其《唐县发现古城址古遗址各一处》,《文物参考资料》1957 年第 8 期。

[164] 尤文远等《河北省怀来县大古城遗址调查情况》,《文物参考资料》1954 年 第 9 期;安志敏《河北怀来大古城村古城址调查记》,《考古通讯》1955 年 第 3 期。

[165] 刘建华《张家口地区战国时期古城址调查发现与研究》,《文物春秋》1993 年第 4 期。

[166] 同上。

[167] 赵文刚《静海县西钓台战国、汉代城址》,《中国考古学年鉴·1984 年》,文 物出版社 1985 年版;天津市历史博物馆考古部(韩嘉谷执笔)《1979～ 1989 年天津文物考古新收获》,《文物考古工作十年》,文物出版社 1991 年

版。

[168] 韩嘉谷等《宝坻县秦城》,《中国考古学年鉴·1990年》,文物出版社1991
年版;纪烈敏《宝坻县秦城遗址》,《中国考古学年鉴·1991年》,文物出版
社1992年版;天津市历史博物馆考古部(韩嘉谷执笔)《1979~1989年天
津文物考古新收获》,《文物考古工作十年》,文物出版社1991年版。

[169] 陈平《燕史纪事编年会按》下册第212~213页《史记·匈奴列传》秦开却
胡节下【编者按】,北京大学出版社1995年版。

[170] 陈雍《天津市考古五十年》,《新中国考古五十年》文物出版社1999年版。

[171] 河北省文物研究所等《金山咀秦代建筑遗址发掘报告》,《文物春秋》1992
年增刊。

[172] 辽宁省文物考古研究所姜女石工作站《辽宁绥中县"姜女石"秦汉建筑群
址石碑地遗址的勘探与试掘》,《考古》1997年第10期。

[173] 杨鸿勋《碣石门与碣石宫》,《中国文物报》1991年2月24日。

[174] 《唐山贾各庄发现古物》,《文物参考资料》1951年第6期;安志敏《河北
省唐山市贾各庄发掘报告》,《考古学报》第六册,1953年12月;《唐山市
贾各庄发掘纪略》,《科学通报》1953年第4期。

[175] 《河北省涞水县永乐村发现一批战国铜、陶器》,《文物参考资料》1955年
第12期;河北省文物研究所《河北新乐中同村发现战国墓》,《文物》1985
年第6期。

[176] 《河北昌黎县发现古代石器和墓葬》,《文物参考资料》1956年第2期。

[177] 承德离宫博物馆《承德市滦河镇的一座战国墓》,《考古》1961年第5期。

[178] 敖承隆、李晓东《河北省怀来县北辛堡出土的燕国铜器》,《文物》1964年
第7期;刘来成《河北怀来北辛堡战国墓》,《考古》1966年第5期。

[179] 张汉英《丰宁县凤山镇发现战国早期墓葬》,《文物资料丛刊》第7辑,
1983年。

[180] 廊坊地区文物管理所等《河北三河大唐廻、双村战国墓》,《考古》1987年
第4期。

[181] 围场县文物管理委员会《河北围场东台子战国晚期至秦代墓地出土文物》,
《文物资料丛刊》第10辑,1987年。

[182] 吴东风《徐水县大马各庄春秋墓地》,《中国考古学年鉴·1987年》文物出
版社1988年版;河北省文物研究所等《河北徐水大马各庄春秋墓》,《文
物》1990年第3期。

[183] 张家口市文物管理所等《张家口市下花园区发现的战国墓》,《考古》1988

年第 12 期。

[184] 张家口考古队《河北怀来官厅水库沿岸考古调查简极》,《考古》1988 年第 8 期。

[185] 郑绍宗《唐县南伏城及北城子出土周代青铜器》《文物春秋》1991 年第 1 期;任亚珊《唐县北伏城两周墓地》,《中国考古学年鉴·1989 年》文物出版社 1990 年版。

[186] 李林、刘朴《承德县西三家村、旗杆村发现战国墓葬》,《文物春秋》1990 年第 3 期。

[187] 唐山市文物管理所《河北迁西县大黑汀战国墓出土铜器》,《文物》1992 年第 5 期;顾铁山、郭景斌《河北省迁西县大黑汀战国墓》,《文物》1996 年第 3 期。

[188] 邸和顺等《河北省抚宁县邴各庄出土战国遗物》,《考古》1995 年第 8 期。

[189] 天津市文物组、天津市历史博物馆联合发掘组《天津东郊发现战国墓简报》,《文物参考资料》1957 年第 3 期;云希正《天津市郊古遗址古墓葬的调查与发掘纪略》,《北国春秋》1959 年第 1 期;天津市文化局考古发掘队云希正、韩嘉谷《天津东郊张贵庄战国墓第二次发掘》,《考古》1965 年第 2 期。

[190] 天津市文化局考古发掘队《天津南郊巨葛庄战国遗址和墓葬》,《考古》1965 年第 1 期。

[191] 韩嘉谷等《宝坻歇马台战国遗址》,《中国考古学年鉴·1985 年》,文物出版社 1986 年版。

[192] 邸明《蓟县西北隅战国至辽代墓地》,《中国考古学年鉴·1989 年》,文物出版社 1990 年版。

[193] 赵文刚等《蓟县辛西战国、汉、辽墓葬》,《中国考古学年鉴·1990 年》,文物出版社 1991 年版。

[194] 纪烈敏《蓟县西北隅战国至辽墓地》,《中国考古学年鉴·1993 年》,文物出版社 1994 年版。

[195] 韩嘉谷《京津地区商周时期古文化发展的一点线索》,《中国考古学会第三次年会论文集》,文物出版社 1984 年版。

[196] 天津市历史博物馆考古部《1979～1989 年天津文物考古新收获》,《文物考古工作十年》,文物出版社 1991 年版。

[197] 同 [170]。

[198] 遥远《热河省滦平县发现古代钱币》,《文物参考资料》1955 年第 6 期。

[199] 奠耳《承德县八家子南台发现的战国时期刀币》,《文物》1959 年第 2 期。

[200] 土谭《(河北沧县)出土大批古刀币》,《天津日报》1960 年 5 月 22 日;天津市文管处《河北沧县肖家楼出土的刀币》,《考古》1973 年第 1 期。

[201]《石家庄东郊发现古刀币》,《文物》1964 年第 6 期。

[202] 苗济田等《河北省滦平县发现一批窖藏战国货币》,《文物》1981 年第 9 期。

[203] 班开明《河北蔚县出土一批古刀、布币》,《文物资料丛刊》第 9 辑。

[204] 张双峰《河北兴隆发现窖藏明刀币》,《文物》1985 年第 6 期。

[205] 李霖《河北承德发现燕国刀币范》,《考古》1987 年第 3 期。

[206] 滦南县文物管理所《河北滦南县出土一批战国货币》,《考古》1988 年第 2 期。

[207] 宁克《河北青龙出土燕国圜钱》,《考古》1989 年第 3 期。

[208] 秦皇岛市文化局《河北青龙县出土窖藏战国货币》,《文物春秋》1989 年第 4 期。

[209] 刘朴等《河北承德发现窖藏刀币》,《文物春秋》1989 年第 4 期。

[210] 朱学武《河北涞水西武泉村出土燕国货币》,《文物春秋》1991 年第 1 期。

[211] 张忠勋《河北玉田发现战国布币》,《文物》1992 年第 6 期;《玉田发现战国布币》,《文物春秋》1993 年第 3 期。

[212] 遵化县文管所《河北遵化出土一批燕国刀币》,《文物》1992 年第 11 期;刘震等《河北遵化出土窖藏尖首刀》,《中国钱币》1994 年第 2 期;《河北省遵化县出土一批窖藏燕国刀币》,《考古与文物》1994 年第 5 期。

[213] 杨凯夫《河北围场出土战国明刀币》,《文物》1992 年第 10 期。

[214] 石家庄地区文物管理所《河北灵寿县出土的战国钱币》,《考古学集刊》第 2 集。

[215]《承德县出土的战国钱币》,《文物春秋》1993 年第 4 期。

[216] 张鸿膺《河北文安发现战国钱币》,《文物春秋》1993 年第 4 期。

[217] 白光《丰宁县发现窖藏刀、布币》,《文物春秋》1995 年第 2 期。

[218] 邢捷《天津宝坻县出土的燕国货币——明刀》,《经济导报》(香港)1978 年第 7 期。

[219] 韩嘉谷《天津地区出土的刀币》,《中国考古学会第五次年会论文集》,文物出版社 1988 年版。

[220] 石永士《试论"ᓀ"字刀化的几个问题》,《考古与文物》1983 年第 6 期。

[221] 石永士等《燕文化简论》,《内蒙古文化考古》1993 年第 1、2 期。

[222] 河北省博物馆等《满城、唐县发现战国时代青铜器》,《光明日报》1972 年第 7 月 15 日。

[223] 王敏之《河北唐县出土西周归父敦》,《文物》1985 年第 6 期。

[224] 王其腾《文安出土郾王职戈》,《文物春秋》1993 年第 3 期。

[225]《河北省出土文物选集》,文物出版社 1980 年版。

[226] 杨子范《山东泰安发现的战国铜器》,《文物》1956 年第 1 期。

[227] 孙敬明《山东潍坊新出铜戈铭文考释及有关问题》,《江汉考古》1986 年第 3 期。

[228] 孙敬明《"车大夫长画"戈考》;黄盛璋《跋"车大夫长画"戈兼谈相关问题》,《文物》1987 年第 1 期。

[229] 张龙海等《山东临淄齐国故城发现郾王职剑》,《考古》1998 年第 6 期。

[230] 朱活《谈山临淄齐故城出土的尖首刀化——兼论有关尖首刀化的几个问题》,《考古与文物》1980 年第 3 期。

[231] 姜龙启《山东昌邑发现"o刀"字刀币》,《文物》1985 年第 6 期。

[232] 杨树民《山东平度发现"o刀"刀钱范》《考古与文物》1994 年第 5 期。

[233] 李学勤等《论河北近年出土的战国有铭青铜器》,《古文字研究》第七辑。

[234] 姚迁《江苏盱眙南窑庄楚汉文物窖藏》,《文物》1982 年第 11 期。

[235] 黄盛璋《试论战国秦汉铭刻中从"西"诸奇字及相关问题》,《古文字研究》第十辑。

[236] 胡振祺《山西文化水县上贤村发现青铜器》,《文物》1984 年第 6 期。

[237] 张德光《试谈山西省博物馆拣选的几件珍贵铜器》,《考古》1988 年第 7 期。

[238] 左正《燕王职青铜剑在洛川出土》,《陕西日报》1983 年 2 月 4 日。

[239] 张懋镕、王勇《"王太后右和室"铜鼎考略》,《考古与文物》1994 年第 3 期。

[240] 黄盛璋《新发现之战国铜器与国别》,《文博》1989 年第 2 期。

[241] 李学勤《海外访古记（四）》,《文博》1987 年第 3 期。

[242] 王恩田《跋唐县新出归父敦》,《文物春秋》1990 年第 2 期。

[243] 李学勤《谈文水出土的错银铜壶》,《文物》1984 年第 6 期。

[244] 吴振武《释"受"并论盱眙南窑铜壶和重金方壶的国别》,《古文字研究》第十四辑。

[245] 河北省文化局文物工作队《河北省几年来在废铜中发现的文物》,《文物》1960 年第 2 期。

[246] 郑绍宗《热河兴隆发现的战国生产工具铸范》,《考古通讯》1956 年第 1 期。

[247] 见 [157]、[161]。

[248] 刘震、刘大文《河北省遵化县张家坎出土一对玉佩》,《考古与文物》1989 年第 5 期。

[249] 见《史记·匈奴列传》"其后,燕有贤将秦开"至"置上谷、渔阳、右北平、辽西、辽东郡以拒胡"部分记载,并参看陈平《燕史纪事编年会按》下册第 212～213 页【编者按】,北京大学出版社 1995 年版。

[250] 刘谦《锦州市大泥洼遗址调查记》,《考古通讯》1955 年第 4 期。

[251] 邵国田《内蒙古敖汉旗四道湾子燕国"狗泽都"遗址调查》,《考古》1989 年第 4 期。

[252] 辽宁省文物考古研究所、吉林大学考古系《辽宁彰武县考古复查纪略》,《考古》1991 年第 8 期。

[253] 张郁《内蒙宁城县古城址的调查》,《考古通讯》1958 年第 4 期;昭乌达盟文物工作站等《辽宁宁城县黑城古城王莽钱范作坊遗址的发现》,《文物》1977 年第 12 期;辽宁省博物馆文物工作队《概述辽宁省考古新收获》,《文物考古工作三十年》,文物出版社 1979 年版;冯永谦、姜念思《宁城县黑城古城址调查》,《考古》1982 年第 2 期。

[254] 辽宁省文物考古研究所《辽宁凌源安杖子古城址发掘报告》,《考古学报》1996 年第 2 期。

[255] 吉林大学考古学系、辽宁省文物考古研究所《辽宁锦西市邰集屯小荒地秦汉古城址试掘简报》,《考古学集刊》第 11 集,1997 年;朱永刚、王立新《辽宁锦西邰集屯三座古城址考古纪略及相关问题》,《北方文物》1997 年第 2 期。

[256] 李殿福《吉林西南部的燕秦文化》,《社会科学战线》1978 年第 3 期。

[257] 四平地区博物馆、吉林大学历史系考古专业《吉林省梨树县二龙湖古城址调查简报》,《考古》1988 年第 6 期。

[258] 盖山林等《内蒙古境内战国秦汉长城遗迹》,《中国考古学会第一次年会论文集》,科学出版社 1980 年版;郑绍宗《河北省战国、秦汉时期古长城和城障遗址》,《中国长城遗迹调查报告集》,文物出版社 1981 年版;布尼阿林《河北围场县燕秦长城调查报告》,《中国长城遗迹调查报告集》,文物出版社 1981 年版;张汉英《河北丰宁境内的古长城和金代界壕》,《文物春秋》1993 年第 1 期;项春松《昭乌达盟燕秦长城遗址调查报告》,《中国长

城遗迹调查报告集》，文物出版社 1981 年版；李庆发等《辽西地区燕秦长城调查报告》，《辽海文物学刊》1991 年第 2 期；王德柱《填补辽东地区早期长城调查空白，鸭绿江畔发现燕秦汉长城东段遗迹》，《中国文物报》总第 233 期；李殿福《东北境内燕、秦长城考》，《黑龙江文物丛刊》1982 年第 1 期；刘志一《战国燕北长城调查》，《内蒙古文物考古》1994 年第 1 期；瓯燕《我国早期的长城》，《北方文物》1987 年第 2 期；叶小燕《中国早期长城的探索与存疑》，《文物》1987 年第 7 期。

[259] 金毓黻《东北通史》第二卷；冯家升《周秦时代中国经营东北考略》，《禹贡》第 11 期；李文信《中国北部长城沿革考》，《社会科学辑刊》1979 年第 2 期。

[260] 敖承隆《河北徐水解村发现古遗址和古城垣》，《考古》1965 年第 10 期；徐浩生《燕国南长城的调查及其建筑年代考》，《京华旧事存真》第一辑，北京古籍出版社 1992 年版；《燕国南长城调查报告》，《第四次环渤海考古论文集》，知识出版社 1996 年版。

[261] 金殿士《沈阳市南市区发现战国墓》，《文物》1959 年第 4 期。

[262] 锦州市博物馆《辽宁锦西县邰集屯徐家沟战国墓》，《考古》1983 年第 11 期。

[263] 李庆发《辽阳新城战国墓》，《中国考古学年鉴·1984 年》文物出版社 1985 年版；辽宁省文物研究所《辽宁近十年来文物考古新发现》，《文物考古工作十年》，文物出版社 1991 年版。

[264] 辽宁省文物考古研究所《辽宁凌源五道河子战国墓发掘简报》，《文物》1989 年第 2 期。

[265] 李宇峰《朝阳袁台子发现战国至西汉墓群》，《中国文物报》1989 年 9 月 22 日；辽宁省文物研究所《辽宁近十年来文物考古新发现》，《文物考古工作十年》，文物出版社 1991 年版。

[266] 王兆军《内蒙古昭盟赤峰市发现战国墓》，《考古》1964 年第 1 期。

[267] 张松柏《赤峰市红山区战国墓清理简报》，《内蒙古文物考古》1996 年第 1、2 组。

[268] 顾玉才《辽宁省考古工作五十年》，《新中国考古五十年》，文物出版社 1999 年版。

[269] 朝阳地区博物馆等《辽宁喀左大城子眉眼沟战国墓》，《考古》1985 年第 1 期。

[270] 金毓黻《熊岳出土古泉考释》，《东北丛镌》1931 年 4 月。

[271] 同［250］。

[272] 金德宣《朝阳县七道岭发现战国货币》，《文物》1962 年第 3 期。

[273] 范品清《辽宁凌源县出土一批尖首刀化》，《考古与文物》1980 年第 3 期。

[274] 齐俊《本溪大浓湖发现战国布币》，《辽宁文物》1980 年第 1 期。

[275] 邹宝库《辽阳出土的战国货币》，《文物》1980 年第 4 期。

[276] 刘绍玉《义县复兴堡出土一批战国刀币》，《辽宁文物》1980 年第 1 期。

[277] 许玉林《辽宁宽甸发现战国时期燕国的明刀钱和铁刀具》，《文物资料丛刊》第 3 辑。

[278] 孙思贤《义县出土一批战国货币》，《辽宁文物》1983 年总第 4 期。

[279] 辽宁省抚顺市博物馆《辽宁省抚顺县巴沟出土燕国刀币》，《考古》1985 年第 6 期。

[280] 辽河油田人民银行渤海办事处《辽河下游出土刀币》，《中国钱币》1986 年第 4 期。

[281] 王嗣洲《辽宁瓦房店市凤鸣岛出土战国货币》，《北方文物》1988 年第 4 期。

[282] 锦州市文物管理委员会《辽宁锦西邵集屯发现战国刀币》，《考古学集刊》第 2 集。

[283] 王嗣洲《大连市三处战国货币窖藏》，《考古》1990 年第 2 期。

[284] 铁岭市博物馆《辽宁铁岭邱家台发现窖藏钱币》，《考古》1992 年第 4 期。

[285] 锦州市博物馆《辽宁绥中县大官帽村发现窖藏古钱币》，《考古》1992 年第 8 期。

[286] 阎奇《辽宁凌源县发现燕国Ｄ〵钱》，《中国钱币》1994 年第 2 期。

[287] 王嗣洲等《辽宁庄河市近年出土的战国货币》，《文物》1994 年第 6 期。

[288] 阎奇《辽宁省凌源县刘杖子乡发现战国货币窖藏》，《文物》1994 年第 6 期。

[289] 同上。

[290] 曾庸《凉城县出土一批战国古钱》，《文物》1965 年第 4 期。

[291] 敖汉旗文化馆《敖汉旗老虎山遗址出土秦代铁权和战国铁器》，《考古》1976 年第 5 期。

[292] 项春松《内蒙古赤峰地区发现的战国钱币》，《考古》1984 年第 2 期。

[293] 郑瑞峰《喀喇沁旗发现战国铅母范》，《中国钱币》1987 年第 4 期。

[294] 王成俊《包头出土"明刀"》，《内蒙古金融研究》1990 年第 4 期。

[295] 丁学芸《呼和浩特市白塔村附近出土的钱币》，《内蒙古文物考古》1995 年

第 1、2 期。

[296] 古兵《吉林辑安历年出土的古代钱币》,《考古》1964 年第 2 期。

[297] 佟柱臣《考古学上汉代以前的东北疆域》,《考古学报》1956 年第 1 期。

[298] 王毓诠《我国古代货币的起源和发展》,科学出版社 1957 年版。

[299] 裴耀军《辽宁昌图县发现战国、汉代青铜器及铁器》、《考古》1989 年第 4 期。

[300] 王刚《内蒙古林西县出土战国铜戈》,《文物》1996 年第 4 期。

[301] 许明纲、于临祥《辽宁新金县后元台发现铜器》,《考古》1980 年第 5 期。

[302] 集安县文物保管所《吉林集安县发现赵国青铜短剑》,《考古》1982 年第 6 期。

[303] 徐家国、刘兵《辽宁抚顺市发现现战周青铜兵器》,《考古》1986 年第 3 期。

[304] 许玉林、王连春《辽宁宽甸县发现秦"石邑"戈》,《考古与文物》1983 年第 3 期。

[305] 邹宝库《释辽阳出土的一件秦戈铭文》,《考古》1994 年第 9 期。

[306] 长白朝鲜族自治县文物管理所《吉林长白朝鲜族自治县发现蔺相如铜戈》,《文物》1998 年第 5 期。

[307] 同 [221]。

[308] 陈光《东周燕文化分期论》,《北京文博》1997 年第 4 期～1998 年第 1、2 期连载。

[309] 同 [263]。

[310] 贺勇《试论燕国墓葬陶器分期》,《考古》1989 年第 7 期。

[311] 石永士《燕下都出土陶器的特色及其演变》,《燕下都》,文物出版社 1996 年版。

[312] 同 [308]。

[313] 赵化成《东周燕代青铜容器的初步分析》,《考古与文物》1993 年第 2 期。

[314] 杜迺松《论东周燕国青铜器》,《文物春秋》1984 年第 2 期;《东周时代齐、鲁、燕、中山青铜器研究》,《中国青铜器全集》第 9 册《东周 3》,文物出版社 1997 年版。

[315] 同 [308]。

[316] 李先登《燕国青铜器初步研究》,《北京建城 3040 年暨燕文明国际学术研究讨会会议专辑》,北京燕山出版社 1997 年版。

[317] 郭沫若《两周金文辞大系图录考释》录 266·考 227,科学出版社 1957 年

版。

[318] 姚迁《江苏盱眙南窑庄楚汉文物窑藏》,《文物》1982 年第 11 期；吴蒙《盱眙南窑铜壶小议》,《文物》1982 年第 11 期。

[319] 吴振武《古玺汇编释文订补及分类修订》,提交香港国际中国古文字学研讨会论文,1983 年。

[320] 朱德熙《古文字考释四篇》,《古文字研究》第八辑。

[321] 同 [244]。

[322] 李家浩《盱眙铜壶刍议》,《古文字研究》第十二辑。

[323] 黄盛璋《盱眙新出铜器、金器及相关问题考辨》,《文物》1984 年第 10 期。

[324] 《江苏出土"陈璋圆壶"、破译铭文有重要发现》,香港《大公报》1986 年 10 月 22 日。

[325] 周晓陆《盱眙所出重金络罍·陈璋圆壶读考》,《考古》1988 年第 3 期。

[326] 李学勤、祝敏申《盱眙壶铭与齐破燕年代》,《文物春秋》1989 年创刊号。

[327] 同 [235]。

[328] 黄盛璋《战国燕国铜器铭刻新考》,《内蒙古师范大学学报》1983 年第 3 期。

[329] 同 [240]。

[330] 同 [328]。

[331] 同 [243]。

[332] 同 [239]。

[333] 冯胜君《战国燕青铜礼器铭文汇释》,《中国古文字研究》第一辑,吉林大学出版社 1999 年版。

[334] 陈平《四年昌国庖鼎考》,《徐中舒先生百年诞辰纪念文集》,巴蜀书社 1988 年版。

[335] 周亚《燕王职壶铭文初释》,《上海博物馆集刊》第八期,2000 年。

[336] 黄锡全《燕破齐史料的重要发现——燕王职壶铭文的再研究》,《古文字研究》第二十四辑,中华书局 2002 年版。

[337] 同 [40]。

[338] 张震泽《燕王职戈考释》,《考古》1973 年第 4 期。

[339] 同 [233]。

[340] 石永士《郾王铜兵器研究》,《中国考古学会第四次年会论文集》,文物出版社 1985 年版。

[341] 冯胜君《战国燕王铜戈研究》,《华学》第三辑,紫禁城出版社 1998 年版。

[342] 王贻梁《燕戈"七萃"与〈穆天子传〉成书年代》,《考古与文物》1990 年第 2 期。

[343] 同 [228]。

[344] 董珊《释燕系文字中的"無"字》,《于省吾教授百年诞辰纪念文集》,吉林大学出版社 1996 年版。

[345] 董珊《新见战国兵器七种》,《中国古文字研究》第一辑,吉林大学出版社1999 年版。

[346] 王翰章《燕王职剑考释》,《考古与文物》1983 年第 2 期;施谢捷《郾王职剑跋》,《文博》1989 年第 2 期;沈融《燕兵器铭文格式、内容及其相关问题》,《考古与文物》1994 年第 3 期;黄盛璋《燕、齐兵器研究》,《古文字研究》第十九辑。

[347] 同 [246]。

[348] 同 [26]。

[349] 同 [28]。

[350] 同 [33]。

[351] 同 [38]。

[352] 同 [291]。

[353] 同 [297]。

[354] 王增新《辽宁抚顺市莲花堡遗址发掘简报》,《考古》1964 年第 6 期。

[355] 同 [297]。

[356] 同 [254]。

[357] 同 [157]。

[358] 同 [161]。

[359] 同 [246]。

[360] 杨根《兴隆铁范的科学调查》,《文物》1960 年第 2 期;北京钢铁学院压力加工专业《易县燕下都 44 号墓葬铁器金相考察初步报告》,《考古》1975 年第 4 期;李仲达《燕下都铁器金相考察初步报告》,《燕下都》第 881～895 页,文物出版社 1996 年版;雷从云《战国铁农具的考古发现及其意义》,《考古》1980 年第 3 期。

[361] 同 [82]。

[362] 同 [83]。

[363] 同 [254]。

[364] 同 [255]。

[365] 同 [164]。

[366] 同 [42]。

[367] 石永士《燕下都出土的建筑材料》，《文物》1993 年第 3 期。

[368] 郭大顺《从饕餮纹在燕国消失最晚谈起（提要）》，《北京建城 3040 年暨燕文明国际学术研讨会会议专辑》，北京燕山出版社 1997 年版。

[369] 高明《古陶文汇编》，中华书局 1990 年版。

[370] 同 [42]。

[371] 同 [40]。

[372]《新编全本季木藏陶》，中华书局 1998 年版。

[373] 李学勤《燕齐陶文丛论》，《上海博物馆集刊》第 6 集，1992 年。

[374] 何琳仪《古陶杂识》，《考古与文物》1992 年第 4 期。

[375] 徐秉琨《辽宁发现战国陶铭四种考略》，《辽海文物学刊》1992 年第 2 期。

[376] 冯胜君《燕国陶文综述》，《北京文博》1998 年第 2 期。

[377] 同 [369]。

[378] 罗福颐《古玺汇编》，文物出版社 1981 年版。

[379] 石志廉《馆藏战国七玺考》，《中国历史博物馆馆刊》总第 1 期，1979 年。

[380] 石志廉《战国古玺考释十种》，《中国历史博物馆馆刊》总第 2 期，1980 年。

[381] 石志廉《会平市玺补释》，《中国历史博物馆馆刊》第 7 期，1985 年。

[382] 石志廉《战国古玺文字考释十一种》，《中国历史博物馆馆刊》总第 13、14 期合刊，1989 年。

[383] 王辉《古玺释文二则》，《人文杂志》1986 年第 2 期。

[384] 李学勤《海外访古续记（三）》，《文物天地》1993 年第 1 期。

[385] 董珊《古玺中燕国蓟及其封封问题》，《江汉考古》1993 年第 4 期。

[386] 吴振武《释双剑誃旧藏燕“外司聖鍴”玺》，《于省吾教授百年诞辰纪念文集》，吉林大学出版社 1996 年版。

[387] 何琳仪《战国文字通论（订补）》第 101～114 页，江苏教育出版社 2003 年版。

[388] 何琳仪、冯胜君《燕玺简述》，《北京文博》1996 年第 3 期。

[389] 黄盛璋《所谓夏墟都玉玺与夏都问题》，《河南文博通讯》1980 年第 3 期。

[390] 马昂《货币文字考》，罗氏贻安堂影印本，1926 年。

[391] 王献唐《中国古代货币通考》，齐鲁书社 1979 年版。

[392] 同 [298]。

［393］同［230］。

［394］石永士、王素芳《"尖首刀"化的初步研究》，《考古与文物》1987 年第 1 期。

［395］张弛《中国刀币汇考》，河北人民出版社 1997 年版。

［396］孙敬明《刀币蠡测》，《山东金融·钱币专刊》1987 年增刊（一）。

［397］北京市文物研究所山戎文化考古队、靳枫毅《北京延庆军都山东周山戎部落墓地发掘纪略》，《文物》1989 年第 8 期。

［398］黄锡全《先秦货币通论》第 209～215 页，紫禁城出版社 2001 年版。

［399］陈平《从军都山戎族墓地的发现谈尖首刀的起源和国别的问题》，《中国钱币论文集》第四辑第 106～115 页，中国金融出版社 2002 年版。

［400］石永士、王素芳《燕国货币概述》，《文物春秋》1990 年第 2 期。

［401］高英民《略论战国中山国货币制度》，《辽海文物学刊》1994 年第 1 期。

［402］冯胜君《战国燕币综述》，《北京文博》2000 年第 3 期。

［403］唐石父、高桂云《燕国明刀面文释"明"之新证》，《首都博物馆文集》，北京燕山出版社 1992 年版。

［404］关百益《〈义州盟刀谱〉序》，《义州盟刀谱》第一卷，1929 年铅印本。

［405］夏渌《学习战国文字偶记》，中国古文字研讨会第九次年会论文。

［406］黄锡全《燕刀"明"字新解》，《北京建城 3040 年暨燕文明国际学术研讨会会议专辑》，北京燕山出版社 1997 年版。

［407］石永士《就燕下都出土的布币范试谈"匽易"布的几个问题》，《中国钱币》1989 年第 1 期。

［408］同［400］。

［409］何琳仪《燕国布币考》，《中国钱币》1992 年第 2 期。

［410］王一新《"右明新货"小布之再现》，《中国钱币》1984 年第 3 期。

［411］同［409］。

［412］同上。

［413］吴振武《战国货币铭文中的"刀"》，《古文字研究》第十辑，1983 年。

［414］石永士、王素芳《燕国货币的发现与研究》，《中国钱币论文集》第二辑，中国金融出版社 1992 年版。

参 考 文 献

一、古籍

1．（汉）宋衷注，（清）秦嘉谟等辑《世本（八种）》，商务印书馆
1957 年版。

2．（汉）司马迁撰《史记》，中华书局 1959 年版。

3．杨伯峻译注《孟子译注》，中华书局 1960 年版。

4．（晋）皇甫谧撰，徐宗元辑《帝王世纪》，中华书局 1964 年版。

5．马王堆帛书整理小组整理注释《战国纵横家书》，文物出版社
1976 年版。

6．（三国）韦昭注《国语》，上海古籍出版社 1978 年版。

7．（东周）左丘明撰，（晋）杜预注，（唐）孔颖达疏《春秋左氏
传》，中华书局 1980 年影印十三经注疏本。

8．（汉）孔安国撰，（唐）孔颖达等正义《尚书正义》，中华书局
1980 年影印十三经注疏本。

9．（汉）郑玄注，（唐）孔颖达等正义《周礼注疏》，中华书局 1980
年影印十三经注疏本。

10．（唐）李泰等著，贺次君辑校《括地志辑校》，中华书局 1980 年
版。

11．方诗铭、王修龄辑证《古本竹书纪年辑证》，上海古籍出版社
1981 年版。

12．（汉）班固撰，（清）王先谦补注《汉书补注》，中华书局 1983
年版。

13．（唐）李吉甫撰《元和郡县图志》，中华书局 1983 年版。

14．明永乐大典抄本《明顺天府志》，北京大学出版社1983年版。

15．（刘宋）范晔撰，（清）王先谦集解《后汉书集解》，中华书局1984年版。

16．（北魏）郦道元撰，王国维校《水经注》，上海人民出版社1984年版。

17．（汉）刘向集录，（汉）高诱注《战国策》，上海古籍出版社1985年版。

二、论著

18．〔美〕福开森著《齐侯四器考释》，1928年刊行。

19．罗振玉编《三代吉金文存》，1937年影印。

20．容庚著《商周彝器通考》，1941年刊行。

21．陈梦家编《海外中国铜器图案》，1946年版。

22．陈梦家著《六国纪年》，学习生活出版社1955年版。

23．郭沫若著《两周金文辞大系图录考释》，科学出版社1957年版。

24．于省吾编《商周金文录遗》，科学出版社1957年版。

25．王国维著《观堂集林》，中华书局1959年版。

26．《文物考古工作三十年（1949—1979）》，文物出版社1979年版。

27．北京大学历史系考古教研究室商周组编著（邹衡执笔）《商周考古》文物出版社1979年版。

28．河北省博物馆等编《河北省出土文物选集》，文物出版社1980年版。

29．杨宽著《战国史》，上海人民出版社1980年版。

30．孙稚雏编《金文著录简目》，中华书局1981年版。

31．罗福颐主编《古玺汇编》，文物出版社1981年版。

32．《中国长城遗迹调查报告集》，文物出版社1981年版。

33．中国社会科学院考古研究所编《新出金文分域简目》，中华书局1983年版。

34．李学勤著《东周与秦代文明》，文物出版社1984年版。

35．中国社会科学院考古研究所编《新中国的考古发现和研究》，文物出版社 1984 年版。

36．容庚编著《金文编》，中华书局 1985 年版。

37．唐兰著《西周青铜器铭文分代史征》，中华书局 1986 年版。

38．何琳仪著《战国文字通论》，中华书局 1989 年版。

39．北京市文物研究所编《北京考古四十年》，北京燕山出版社 1990 年版。

40．高明编著《古陶文汇编》，中华书局 1990 年版。

41．《文物考古工作十年（1979—1989)》，文物出版社 1991 年版。

42．曲英杰著《先秦都城复原研究》，黑龙江人民出版社 1991 年版。

43．北京市文物研究所编《琉璃河西周燕国墓地 1973—1977》，文物出版社 1995 年版。

44．石永士、石磊编著《燕下都东周货币聚珍》，文物出版社 1996 年版。

45．河北省文物研究所编《燕下都》，文物出版社 1996 年版。

46．杜金鹏著《幽燕秘史》，四川教育出版社 1996 年版。

47．《中国青铜器全集》，文物出版社 1996～1998 年版。

48．《文物考古工作五十年（1949—1999)》，文物出版社 1999 年版。

49．王世民著《西周青铜器分期断代研究》，文物出版社 1999 年版。

50．北京市文物研究所著《镇江营与塔照——拒马河流域先秦考古文化的类型与谱系》，中国大百科全书出版社 1989 年版。

51．齐心主编《图说北京史》，北京燕山出版社 1999 年版。

后　记

　　拙作《燕文化》就要由文物出版社付梓面世了。在这里，首先要感谢已故恩师张政烺和陈公柔两位先生。由于良师的善诱，才使我在燕文化的研究上小有成就。其次要感谢推荐我参加本丛书编撰工作的各位先生，使我有幸成为《燕文化》一书的作者。在入选本书作者的同时，我正在紧张地承担北京市文物局课题——学术专著《北方文化与幽燕文明》的编撰工作。为此，北京市文物局科研处孙玲与高景春两位处长还应我的申请，将我所承担局课题的结题时间向后顺延了一年，这也使我心中总保留着对他们二位的一份感激。我还要感谢我所齐心老所长和宋大川所长，在我撰写本书时曾给予的支持和鼓励；要感谢王殿平同志为本书翻拍了全部照片，感谢陈怀颖和陈漱冰同志为本书描绘了线图。现在，这本小书不久就要与广大读者见面了，愿她能成为燕文化与大家之间的一座桥梁，并起到一点微薄的沟通作用。

封面设计／张希广

责任印制／张道奇

责任编辑／周　成　张晓曦

图书在版编目（CIP）数据

燕文化／陈平著. －北京：文物出版社，2006.4

（20世纪中国文物考古发现与研究丛书）

ISBN 7－5010－1874－X

Ⅰ.燕… Ⅱ.陈… Ⅲ.周文化（考古学）-研究

Ⅳ.K871.34

中国版本图书馆CIP数据核字（2006）第008008号

20世纪中国文物考古发现与研究丛书

燕　文　化

陈平／著

文 物 出 版 社 出 版 发 行

（北京五四大街29号）

http://www.wenwu.com

E-mail：web@wenwu.com

北京美通印刷有限公司印刷

新 华 书 店 经 销

850×1168　1/32　印张：7.625　插页：1

2006年4月第一版　2006年4月第一次印刷

ISBN 7-5010-1874-X/K·980　定价：28元